“十二五”职业教育国家规划教材配套辅导用书

全国高职高专会计专业工作过程导向系列教材

企业经济业务核算项目实训

QIYEJINGJIYEWUHESUANXIANGMUSHIXUN

(第2版)

主编　马红　李健　孙琳

中国财经出版传媒集团

中国财政经济出版社

图书在版编目（CIP）数据

企业经济业务核算项目实训 / 马红，李健，孙琳主编．—2版．—北京：中国财政经济出版社，2019.1

“十二五”职业教育国家规划教材配套辅导用书　全国高职高专会计专业工作过程导向系列教材

ISBN 978－7－5095－8692－1

Ⅰ．①企…　Ⅱ．①马…②李…③孙…　Ⅲ．①企业经济－经济核算－高等职业教育－教材　Ⅳ．①F275

中国版本图书馆CIP数据核字（2018）第284285号

责任编辑：蔡　宾　田明晖　　　　　　责任校对：徐艳丽

封面设计：孙俪铭

中国财政经济出版社 出版

URL：http：//www.cfeph.cn

E－mail：cfeph @ cfeph.cn

社址：北京市海淀区阜成路甲28号　邮政编码：100142

营销中心电话：010－88191537

三河市宏图印务有限公司 印刷　各地新华书店经销

787×1092毫米　16开　19.75印张　390 000字

2019年1月第2版　2021年2月河北第2次印刷

定价：45.00元

ISBN 978－7－5095－8692－1

（图书出现印装问题，本社负责调换）

本社质量投诉电话：010－88190744

打击盗版举报热线：010－88191661　QQ：2242791300

第2版前言

“企业会计实务”课程学习领域的前置专业课程是“会计基础”，该课程的开设还为“成本核算与分析”“企业财务管理”“会计电算化”“会计报表编制与分析”和“审计基础与实务”等后续学习领域的学习奠定基础。通过学习本课程，使学生在熟悉会计基础理论的基础上，学习企业会计实务的基本理论和技能，掌握企业经常发生的和企业非常重要的经济业务的核算知识和技能，能胜任企业对“企业会计实务“核算岗位的要求，为企业管理层提供及时可靠的财务核算资料。

《企业经济业务核算》教材与其他版本教材的重要区别在于：本教材的内容是在与企业从事会计工作的专家进行了多次探讨的基础上确定的，符合企业的需求，按照工作过程和会计岗位的设置安排了教学和实训内容，实训与理论学习同步完成。力求达到学以致用、学以会用的目的，努力实现学用零距离。这种改革预期的好处在于：尽量减少空洞的理论说教，学习的内容尽可能接近工作的内容，通过学习掌握的不仅是知识，更重要的还有对不同企业业务的适应，在处理基本业务的基础上，学会分析和应用。学生可以在学习中了解和熟悉将来的工作过程和内容，将理论学习和实践完全融合在一起，尽可能减少理论与实践的界限，充分地体现了职业教育的特色。本书可供职业院校在校学生学习，也可供其他人员自学使用。

《企业经济业务核算项目实训》教材是《企业经济业务核算》教材的同步配套实训教材，项目实训内容与教材教学情境内容完全吻合，在11个项目实训中，学生反复练习同样的账务处理程序，但是每次练习的具体的业务内容根据教学内容变化。因此，经过这样的训练，尽可能多的帮助学生见识中小微企业经济业务的原始凭证，能及时指导学生从原始凭证中提取经济业务信息，对所学经济业务加深理解，弥补学生在实际操作中不知从何开始的缺陷。

本教材由四川财经职业学院联合新希望集团共同开发，由四川财经职业学院马红教授对全书进行总纂、修改、完善。具体编写分工如下：项目实训6、项目实训7、项目实训8和项目实训9由马红老师编写；项目实训1、项目实训10、项目实训11由孙琳老师编写；项目实训2、项目实训3、项目实训4和项目实训5由李健老师编写。

任何一项改革都不会是一帆风顺的，“企业会计实务”这门课程从我们达成共识需要改革，到这本教材的出版印刷至本次的修订，经过了多次的调研和讨论，在职业能力训练部分进行了加强和完善。同时由于会计专业改革在不断推进，每个人对会计准则有关知识点的理解角度可能不同，而实际工作中每个单位都有自己的特色，加之职业教育中的许多问题也在探索之中，难免出现疏漏或问题，在此敬请广大读者和同仁们不吝赐教，以便修改和完善。

编　者

2018 年 11 月

目 录

1 项目实训1 货币资金核算

一、实训目标

指导学生了解货币资金业务原始凭证的取得过程，训练学生认知货币资金原始凭证的能力，填制记账凭证的能力，审核凭证的能力，登记账簿的能力。

二、实训资料

（一）会计主体基本资料

华美装饰材料有限责任公司成立于2007年3月15日，主要经营业务范围是生产、销售室内装饰装修用材料。公司法人代表：杨萍；总经理：于成；会计主管：王燕；会计：罗刚；稽核：刘勇；出纳：赵莎。公司地址：成都市龙泉驿区永安路68号；电话：028－84856729；基本存款户开户银行：中国银行龙泉驿支行，账号：522188642608；纳税主管机关：成都市龙泉驿区国税一分局、成都市龙泉驿区地税三分局，纳税识别号：551800643702743，纳税登记号：547812325681907。

（二）该公司2015年9月库存现金总账和现金日记账的期初余额为74 386元，银行存款总账和日记账的期初余额为6 546 000元，“其他货币资金”总账的期初余额为10 000元（系公司的外埠存款）。“其他应收款——舒畅”的期初余额为4 000元。

三、实训要求

1. 建立库存现金总账、银行存款总账、其他货币资金总账。
2. 建立现金日记账、银行存款日记账，以及其他货币资金明细账。
3. 完善和审核实训的原始资料。
4. 编制记账凭证，登记明细账。
5. 编制科目汇总表，登记总账。
6. 完成月结。
7. 每4位同学组成一组，分工合作完成上述工作。
8. 按照学生工作方案、记账凭证（包括科目汇总表）、明细账、总账的顺序整理好实训资料，提交实训成果。

业务1：

表1－1

借　　款　　单

2015年9月1日

部　门	副总经理办公室		姓名	陈好	借款用途	出差
借款金额	人民币（大写）　伍仟元整					
实　际 报销金额		节余金额			负责人	同意借款
		超支金额			审核意见	于成
备注				结账日期　年　月　日		

现金付讫

财务主管 王燕　会计　　　　出纳 赵莎　借款人签章 陈好

第一联记账联

业务2：

表1－2－$\frac{1}{5}$

全国统一发票监制章 四川 国家税务总局监制

四川增值税专用发票　　No 00202109

发票联

5109842354　　　　开票日期：2015年9月4日

购货单位	名　称：华美装饰材料有限责任公司 纳税人识别号：551800633702743 地 址、电话：成都市龙泉驿区永安路68号028-84856729 开户行及账号：中国工商银行龙泉驿支行410127242318076			密码区	#25<<1369〉4#5*10>> #1*321〉452-5#01〈109>>4 /1〈3*28*12#71〉58>8〈/4 *01/3〉78〉1/23#/5*10>		
货物或应税劳务名称	规格型号	单位	数量	单价	金额	税率	税额
杉木原木		立方米	90	1030	92700	17%	15759
白杨木原木		立方米	24	600	14400		2448
合计					¥107100.00		¥18207.00
价税合计（大写）	人民币壹拾贰万伍仟叁百零柒元整			（小写）¥125307.00			
销货单位	名　称：汉广木业贸易公司 纳税人识别号：520347853676420 地 址、电话：成都市茶店子路547号 88602631 开户行及账号：农行茶店子路支行 2127567558436749			备注			

收款人：　　复核：张力　　开票人：潘斌　　销货单位：（章）

汉广木业贸易公司 547810007431629 发票专用章

第三联：发票联　购货方记账凭证

表1-2-$\frac{2}{5}$

全国统一发票监制章 国家税务总局监制

四川增值税专用发票

No 00202109

5109842354　　抵扣联　　开票日期：2015年9月4日

购货单位	名　　称：华美装饰材料有限责任公司 纳税人识别号：551800633702743 地址、电话：成都市龙泉驿区永安路68号028-84856729 开户行及账号：中国工商银行龙泉驿支行410127242318076			密码区	#25<<1369〉4#5*10>> #1*321〉452-5#01〈109>>4 /1〈3*28*12#71〉58>8〈/4 *01/3〉78〉1/23#/5*10>		
货物或应税劳务名称	规格型号	单位	数量	单价	金额	税率	税额
杉木原木		立方米	90	1030	92700	17%	15759
白杨木原木		立方米	24	600	14400		2448
合计					¥107100.00		¥18207.00
价税合计（大写）	人民币壹拾贰万伍仟叁百零柒元整			（小写）¥125307.00			
销货单位	名　　称：汉广木业贸易公司 纳税人识别号：520347853676420 地址、电话：成都市茶店子路547号　88602631 开户行及账号：农行茶店子路支行　2127567558436749			备注			

第二联：抵扣联　购货方记账凭证

收款人：　　复核：张力　　开票人：潘斌　　销货单位：（章）

汉广木业贸易公司 547810007431629 发票专用章

表1-2-$\frac{3}{5}$

中国银行

转账支票存根

支票号码　NO　2648202

科目

对方科目

签发日期　2015年9月4日

收款人：汉广木业贸易公司

金额：125 307元

用途：支付材料价税款

备注：

单位主管　　会计

复　　核　　记账

表1－2－$\frac{4}{5}$

银行进账单（回单） 1

2015 年 9 月 4 日

<table>
<tr><td rowspan="3">出票人</td><td>全　称</td><td>华美装饰材料有限责任公司</td><td>票据种类</td><td colspan="10">转账支票</td></tr>
<tr><td>账　号</td><td>522188642608</td><td>票据张数</td><td colspan="10">1</td></tr>
<tr><td>开户银行</td><td>中国银行龙泉驿支行</td><td>票据号码</td><td colspan="10">1848101</td></tr>
<tr><td rowspan="2">人民币（大写）</td><td colspan="3" rowspan="2">人民币：壹拾贰万伍仟叁佰零柒元整</td><td>千</td><td>百</td><td>十</td><td>万</td><td>千</td><td>百</td><td>十</td><td>元</td><td>角</td><td>分</td></tr>
<tr><td></td><td>¥</td><td>1</td><td>2</td><td>5</td><td>3</td><td>0</td><td>7</td><td>0</td><td>0</td></tr>
<tr><td rowspan="3">收款人</td><td>全　称</td><td>汉广木业贸易公司</td><td colspan="11" rowspan="4">中国银行
龙泉驿支行
2015.09.04
转讫
（受票银行盖章）</td></tr>
<tr><td>账　号</td><td>112574732</td></tr>
<tr><td>开户银行</td><td>农业银行建设路支行</td></tr>
<tr><td colspan="3">备注：</td></tr>
</table>

此联送票人作送票依据

表1－2－$\frac{5}{5}$

收　料　单

材料科目：原材料　　　　　　　　5816013

材料类别：原木

供应单位：汉广木业贸易公司

发票号码： 5109842354　　　　2015年9月4日　　　　收料仓库：材料仓库

材料名称	规格	计量单位	数量		实际成本					
			应收	实收	买价		运杂费	其他	合计	单位成本
					单价	金额				
杉木原木		立方米	90	90	1 030	92 700			92 700.00	1 030
白杨木原木		立方米	21	21	600	11 100			11 100.00	600
合计						107 100			107 100.00	

第三联 记账联

记账：　　　　收料：张礼　　　　制单：魏贤

业务3：

表 $1-3-\frac{1}{2}$

全国统一发票监制

四川省成都市商业零售统一发票

国家税务总局监制

发票号码：51040068

购货单位：华美装饰材料有限责任公司　　2015年 9月 6日填制

摘　要	单位	数量	单价	金额 十	万	千	百	十	元	角	分
办公用品	件						1	6	0	0	0
合计人民币（大写）	壹佰陆拾元整					¥	1	6	0	0	0
备注	采购部使用										

发票联

收款单位（财务公章）　成都市百货大楼 财务专用章　会计：　收款人：周大明　经手人：王华

表 $1-3-\frac{2}{2}$

费　用　报　销　单

报销日期：2015年9月6日　　附件1张

费用项目	类别	金额	部门负责人（签章）	曹琳
公司经费	办公用品费	160		
			审查意见	同意报销
			报销人	采购部 王华
报销金额合计		¥160		
核实金额（大写）：人民币壹佰陆拾元整				
借款数　元	应退数　元	应补金额　元		

审核　王燕　　出纳　[illegible]

业务4：

表1－4－$\frac{1}{3}$

四川增值税专用发票

全国统一发票监制章 国家税务总局监制

4200041259

记账联

开票日期：2015年9月13日

<table>
<tr><td rowspan="4">购货单位</td><td colspan="3">名　　　称：四川九和家俬公司</td><td rowspan="4">密码区</td><td colspan="4">#25<<1369〉4#5*10>></td></tr>
<tr><td colspan="3">纳税人识别号：520107752475204</td><td colspan="4">#1*321〉452-5#01〈109>>4</td></tr>
<tr><td colspan="3">地　址、电话：成都市静居寺路13号8720137</td><td colspan="4">/1〈3*28*12#71〉58>8〈/4</td></tr>
<tr><td colspan="3">开户行及账号：建行静居寺路支行2116247558420120</td><td colspan="4">*01/3〉78〉1/23#/5*10></td></tr>
<tr><td>货物或应税劳务名称</td><td>规格型号</td><td>单位</td><td>数量</td><td>单价</td><td>金额</td><td>税率</td><td>税额</td><td></td></tr>
<tr><td>3#木地板</td><td></td><td>平方米</td><td>30</td><td>100</td><td>3000</td><td>17%</td><td>510</td><td></td></tr>
<tr><td>合计</td><td></td><td></td><td></td><td></td><td>¥3000.00</td><td></td><td>¥3510.00</td><td></td></tr>
<tr><td>价税合计（大写）</td><td colspan="8">人民币叁仟伍佰壹拾元整　　（小写）¥3510.00</td></tr>
<tr><td rowspan="4">销货单位</td><td colspan="3">名　　称：华美装饰材料有限责任公司</td><td rowspan="4">备注</td><td colspan="4" rowspan="4"></td></tr>
<tr><td colspan="3">纳税人识别号：551800643702743</td></tr>
<tr><td colspan="3">地　址、电话：成都市龙泉驿区永安路68号 028-84856729</td></tr>
<tr><td colspan="3">开户行及账号：中国银行龙泉驿支行 522188642608</td></tr>
</table>

收款人：赵莎　　复核：刘勇　　开票人：罗刚　　销货单位：（章）

华美装饰材料有限责任公司 5478123325681907 发票专用章

第一联：记账联　销货方记账凭证

表1－4－$\frac{2}{3}$

产成品出库通知单

2015年9月13日

<table>
<tr><td rowspan="2">工作令号</td><td rowspan="2">编号</td><td rowspan="2">名称</td><td rowspan="2">规格</td><td rowspan="2">单位</td><td rowspan="2">应发数量</td><td rowspan="2">实发数量</td><td rowspan="2">单位成本</td><td colspan="8">实际成本</td><td rowspan="2">附注</td></tr>
<tr><td>十</td><td>万</td><td>千</td><td>佰</td><td>十</td><td>元</td><td>角</td><td>分</td></tr>
<tr><td></td><td></td><td>3#木地板</td><td></td><td>平方米</td><td>30</td><td>30</td><td></td><td></td><td></td><td></td><td></td><td></td><td></td><td></td><td></td><td></td></tr>
<tr><td></td><td></td><td></td><td></td><td></td><td></td><td></td><td></td><td></td><td></td><td></td><td></td><td></td><td></td><td></td><td></td><td></td></tr>
<tr><td></td><td></td><td></td><td></td><td></td><td></td><td></td><td></td><td></td><td></td><td></td><td></td><td></td><td></td><td></td><td></td><td></td></tr>
<tr><td></td><td></td><td>合计</td><td></td><td></td><td></td><td></td><td></td><td></td><td></td><td></td><td></td><td></td><td></td><td></td><td></td><td></td></tr>
</table>

会计：　　仓库主管：　　保管：张礼　　制单：魏贤

第三联　记账联

表 1-4-$\frac{3}{3}$

中国银行进账单（收账通知）　3

2015年 9月13日

出票人	全　称	四川九和家俬公司	收款人	全　称	华美装饰材料有限责任公司
	账　号	2116247558430120		账　号	522188642608
	开户银行	建行静居寺路支行		开户银行	中国银行龙泉驿支行
金额	人民币（大写）	叁仟伍佰壹拾元整		千百十万千百十元角分	¥351000
票据种类	转账支票	票据张数	1		
票据号码	8965412				
复核　记账				中国银行 龙泉驿支行 2015.09.13 转讫　收款人开户银行签章	

此联是收款人开户银行交给收款人的收账通知

业务 5：

表 1-5-$\frac{1}{2}$

中国建设银行　**转账支票**　No　8748213

本支票付款期限十天

出票日期（大写）贰零壹伍年零玖月拾伍日　付款行名称：龙泉驿区建设路分理处

收款人：华美装饰材料有限责任公司　出票人账户：110589324

人民币（大写）	贰仟伍佰叁拾元整	亿千百十万千百十元角分 ¥253000

用途：支付购货价税款

上列款项请从

我账户内支付

出票人签章　恒光通信有限公司 财务专用章　王之涛印

复核　记账

表1－5－$\frac{2}{2}$

银行进账单（收账通知）

2015 年 9 月 15 日

出票人	全　称	恒光通信有限公司	票据种类	转账支票
	账　号	110589324	票据张数	1
	开户银行	建行龙泉驿区建设路分理处	票据号码	8748213
人民币（大写）	人民币：贰仟伍佰叁拾元整		千百十万千百十元角分	¥253000
收款人	全　称	华美装饰材料有限责任公司	中国银行龙泉驿支行 2015.09.15 转讫（受票银行盖章）	
	账　号	522188642608		
	开户银行	中国银行龙泉驿支行		
备注：				

此联是出票人开户银行交给出票人的回单

业务6：

表1－6－$\frac{1}{2}$

费 用 报 销 单

报销日期：2015年9月18日　　附件1张（略）

费用项目	类别	金额		
公司经费	差旅费	3 200	单位负责人（签章）	林俊
			审查意见	同意报销
			报销人	舒畅
报销金额合计		¥3 200		
核实金额（大写）：人民币叁仟贰佰元整				
借款数 4 000元　应退数 800元　应补金额				

审核 王燕　　　　出纳

表 1－6－$\frac{2}{2}$

收　据

收到：舒畅　　　　2015 年 9 月 18 日　　　　100175

摘　要	金　额									
	千	百	十	万	千	百	十	元	角	分
退回多余贷款					¥	8	0	0	0	0
合计人民币（大写）	捌佰元整									
备注										

现金收讫

第三联　记账联

收款单位（财务公章）　会计：　收款人：赵莎　经手人：舒畅

华美装饰材料有限责任公司 财务专用章

业务 7：

表 1－7－$\frac{1}{2}$

银行本票申请书（存根）　1

申请日期2015年09月21日

申请人	华美装饰材料有限责任公司	收款人	晨光木业有限责任公司									
账号或住址	522188642608	账号或住址	5211802345212034									
用途	付货款	代理付款行										
本票金额	人民币（大写）肆万元整		千	百	十	万	千	百	十	元	角	分
					¥	4	0	0	0	0	0	0
备注		科　目 ________ 对方科目 ________ 财务主管　复核　经办										

此联汇出款后作汇款人的记账凭证

表 1－7－$\frac{2}{2}$

中国银行　　本票　　2

付款期限
贰个月

出票日期（大写）　贰零壹伍年零玖月贰拾壹日　　9924580

收款人：**晨光木业有限责任公司**		申请人：**华美装饰材料有限责任公司**
凭票即付　人民币（大写）**肆万元整**		
转账√　现金		
备注：	中国银行 2015.09.21 出票行签章	出纳　复核　经办

此联出票行结清本票时作借方凭证

业务 8：

表 1－8

现金盘点报告表

单位名称：华美装饰材料有限责任公司　　2015年 9 月 23 日

实存金额	账存金额	对比结果		备注
		盘盈	盘亏	
73 516元	73 536元		20元	原因待查

监盘人签章　刘勇　　　　出纳员签章　赵莎

业务9：

表1-9-$\frac{1}{2}$

银行本票申请书（存根） 1

申请日期2015年09月26日

申请人	华美装饰材料有限责任公司	收款人	上海立中国际贸易有限公司
账号或住址	522188642608	账号或住址	10921180278541791
用途	付货款	代理付款行	
本票金额	人民币（大写）叁万陆仟元整	千 百 十 万 千 百 十 元 角 分	¥ 3 6 0 0 0 0 0
备注		科目 ______ 对方科目 ______ 财务主管 复核 经办	

表1-9-$\frac{2}{2}$

2

中国银行 银行汇票

付款期限 壹个月

出票日期（大写） 贰零壹伍年零玖月贰拾陆日

代理付款行： 行号：

收款人：上海立中国际贸易有限公司	账号：10921180278541791
出票金额 人民币（大写） 叁万陆仟元整	
实际结算金额 人民币（大写）	百 十 万 千 百 十 元 角 分
申请人：华美装饰材料有限责任公司	账号：522188642608
出票行：	行号：
备注：	密押：
凭票付款	多余金额 复核 记账
出票行签章 中国银行龙泉驿支行 汇票专用章 谢华	

此联代理款行付款后作联行记账借方凭证

业务 10：

表 1－10－$\frac{1}{3}$

全国统一发票监制章 国家税务总局监制

上海增值税专用发票

5445987131　　　　记账联　　　　开票日期：2015 年 09 月 30 日

购货单位	名　　称：**华美装饰材料有限责任公司** 纳税人识别号：570104456781278 地 址、电话：**成都市龙泉驿区永安路68号028—84856729** 开户行及账号：**中国银行龙泉驿支行522188642608**			密码区	172312-4-275<1+46*54*181321> <8182*59*09618<4<3*2702-9> 9*-153<0*0814> *>>2-3* 09>>25		
货物或应税劳务名称	规格型号	单位	数量	单价	金额	税率	税额
彩钢		米	750	40	30000	17%	5100
合计					¥30000.00		¥5100.00
价税合计（大写）	**人民币叁万伍仟壹佰元整**			（小写）¥35100.00			
销货单位	名　　称：**上海立中国际贸易公司** 纳税人识别号：10921180278541791 地 址、电话：上海市闵汇区人民路68号 87527722 开户行及账号：建设人民路支行 380031760524728			备注	上海立中国际贸易公司 54102476865238 发票专用章		

收款人：格桑　　复核：胡范　　开票人：格桑　　销货单位：（章）

第一联：记账联　销货方记账凭证

表 1－10－$\frac{2}{3}$

4

中国银行　银行汇票（多余款收账通知）

付款期限
壹个月

出票日期（大写）　贰零壹伍年零玖月贰拾日

	代理付款行：	行号：							
收款人：**上海立中国际贸易有限公司**	账号：**10921180278541791**								
出票金额　人民币（大写）　**叁万陆仟元整**									
实际结算金额　人民币（大写）**叁万陆仟壹佰元整**	百	十	万	千	百	十	元	角	分
		¥	3	5	1	0	0	0	0
申请人：**华美装饰材料有限责任公司**	账号：**522188642608**								
出票行：　　行号：	密押：	左列退回多余金额已收入你账户内							
备注：	多余金额								
凭票付款	¥900.00								
出票行签章 中国银行龙泉驿支行 汇票专用章	中国银行 龙泉驿支行 2015.09.30 转讫								

此联出票行结清多余款后交申请人

表 1-10-$\frac{3}{3}$

全国统一发票监制章 四川 国家税务总局监制

上海增值税专用发票

抵扣联

5445987131 开票日期：2015 年 09 月 30 日

购货单位	名　称：华美装饰材料有限责任公司 纳税人识别号：551800643702743 地址、电话：成都市龙泉驿区永安路68号028—84856729 开户行及账号：中国银行龙泉驿支行522188642608			密码区	172312-4-275<1+46*54*181321> <8182*59*09618<4<3*2702-9> 9*-153</0*08/4> *>>2-3*0/ 9/>>25		
货物或应税劳务名称	规格型号	单位	数量	单价	金额	税率	税额
彩钢		米	750	40	30000	17%	5100
合计					¥30000.00		¥5100.00
价税合计（大写）	人民币叁万伍仟壹佰元整			（小写）¥35100.00			
销货单位	名　称：上海立中国际贸易公司 纳税人识别号：10921180278541791 地址、电话：上海市闵汇区人民路68号 87527722 开户行及账号：建设人民路支行 380031760524728			备注			

收款人：格桑　复核：胡范　开票人：格桑　销货单位：（章）

上海立中国际贸易公司 54102476865238 发票专用章

第二联：抵扣联 购货方扣税凭证

2 项目实训2 往来业务核算

一、实训目标

指导学生了解往来业务原始凭证的取得过程，训练学生认知往来业务原始凭证的能力，独立完成编制往来款项账龄分析表、坏账准备金提取计算表等能力，填制记账凭证的能力，审核凭证的能力，登记账簿的能力。

二、实训资料

（一）会计主体基本资料

阳光木业有限责任公司于2006年6月1日成立，注册资本人民币5 000万元（其中：国家资本4 000万元，职工个人股本1 000万元），主营业务：实木地板的加工生产、销售。职工120人，其中行政管理部门人员30人；产品生产人员60人；销售人员20人。法人代表：梁平；总经理：杨斌；财务经理：李芳；核算员：王振、刘元；稽核：赵军；出纳：张蓉。公司地址：成都市龙泉工业园1号；电话：028－66668888；开户银行：成都银行龙泉驿支行，账号：522188624816；纳税主管机关：成都市龙泉驿区国税一分局、成都市龙泉驿区地税三分局，纳税识别号：551811641700008，纳税登记号：547810005681205。企业设立两个生产车间生产实木地板和强化复合木地板两类产品；原材料为原木、地板胶、木纹纸、油漆、石蜡等。

公司与购货单位、材料供应单位以及其他债权债务业务核算相关的会计制度如下：

（1）企业设置“应收账款”“应收票据”“预付账款”“坏账准备”“应付账款”“应付票据”“预收账款”“其他应收款”“其他应付款”等总账账户。“应收账款”“应付账款”“预付账款”“预收账款”按对方单位设置明细账，“其他应收款”“其他应付款”按应收应付对象设置明细账，设置“应收票据备查登记簿”“应付票据备查登记簿”。

（2）企业按年对应收账款核算资产减值，金额在30万元以上的债权为重大事项，单独进行资产减值测试。判断坏账率的标准1年内（含1年）1%，1年至2年（含2年）10%，2年以上40%。

（3）金额在30万元以下的销货债权，以其账面余额为基数，按历史损失率3%估计资产减值损失。

（4）材料物资的采购由材料仓库提出采购申请，经财务部门负责人和供应部门负责人签字同意后交材料采购部门业务人员办理。

（5）购料款的支付由财会部门会计核算人员提出申请，经会计部门负责人同意后交企业财务经理核准后办理。

（6）“其他应收款”一般不计提坏账准备，如果某项其他应收款存在减值迹象，符合减值确认条件，由会计核算人员会同财务负责人确定计提金额。其他应收款因发生坏账损失的核销严格按照内控制度执行审批程序。

（二）2015年6月30日，阳光木业公司应收、应付款项账户余额如下：

总账	明细账	余额
应收账款	龙泉天天贸易公司	200 000（借方）
	成都长城贸易公司	160 000（借方）
	胜利公司	140 000（借方）
应收票据	四川清河公司（备查簿）	400 000（借方）
	黄龙公司（备查簿）	150 000（借方）
预付账款	内江艺龙木材厂	50 000（借方）
其他应收款	平安保险成都分公司	78 000（借方）
	备用金（后勤部）	5 000（借方）
	刘军（差旅费）	2 000（借方）
坏账准备	应收账款	5 000（贷方）
应付账款	雅安光明木材公司	220 000（贷方）
	东方公司	120 000（贷方）
	长江公司	86 000（贷方）
应付票据	顺明公司（备查簿）	136 000（贷方）
	前进公司（备查簿）	100 000（贷方）
预收账款	五洲公司	67 000（贷方）
其他应付款	顺捷租赁公司	4 000（贷方）
	成都市公积金中心	160 000（贷方）

三、实训内容及实训资料准备

（1）建立“应收账款”“应收票据”“预付账款”“坏账准备”“应付账款”“应付票据”“预收账款”“其他应收款”“其他应付款”总账；建立“应收账款”“预付账款”“坏账准备”“应付账款”“预收账款”“其他应收款”“其他应付款”明细账，建立“应收票据”“应付票据”备查簿。

（2）完善已经给出的实训原始资料，编制记账凭证，登记明细账。

（3）编制科目汇总表，登记总账。

（4）完成月结。

（5）准备18张记账凭证，16张三栏式明细账页，9张总账账页，1张科目汇总表，

4张自制备查簿，黑色中型笔，红色中性笔。

四、实训要求

（1）每4位同学组成一组，分别担任主管（兼任组长、稽核和总账会计）、制单、债权明细账、债务明细账工作。

（2）主管负责审核原始凭证，建立往来款项相关总账，编制科目汇总表，登记往来款项相关总账并完成月结、同时负责组织全组成员完成实训工作。

（3）制单员完善原始凭证，根据审核无误的原始凭证填制记账凭证。

（4）债权明细账会计负责建立并登记债权明细账、“应收票据”备查簿以及“坏账准备”明细账并完成月结。

（5）债务明细账会计负责建立并登记债权明细账、“应收票据”备查簿以及“坏账准备”明细账并完成月结。

（6）按照学生工作方案、记账凭证、科目汇总表、明细账、总账、评分表的顺序整理好实训资料，提交实训成果。

业务1：

表2－1

委电　　委托收款凭证（收账通知）　　4　　收款期限　年　月　日

委托日期2015年07月02日

<table>
<tr><td rowspan="3">付款人</td><td>全　称</td><td>成都长城贸易公司</td><td colspan="2">全　称</td><td colspan="10">阳光木业有限责任公司</td><td rowspan="8">此联付款人开户银行凭以汇款或收款人开户银行作为收账通知</td></tr>
<tr><td>账号或地址</td><td>510378652417909</td><td colspan="2">账　号</td><td colspan="10">522188624816</td></tr>
<tr><td>开户银行</td><td>建行玉林支行</td><td colspan="2">开户银行</td><td colspan="10">中国银行龙泉驿支行</td></tr>
<tr><td rowspan="2">委收金额</td><td rowspan="2">人民币（大写）</td><td colspan="3" rowspan="2">壹拾陆万元整</td><td>千</td><td>百</td><td>十</td><td>万</td><td>千</td><td>百</td><td>十</td><td>元</td><td>角</td><td>分</td></tr>
<tr><td></td><td>¥</td><td>1</td><td>6</td><td>0</td><td>0</td><td>0</td><td>0</td><td>0</td><td>0</td></tr>
<tr><td colspan="2">款项内容</td><td>销货款</td><td>委托收款凭证名称</td><td>委托收款</td><td colspan="10">附寄单证　3张</td></tr>
<tr><td colspan="4" rowspan="2">备注:</td><td>上述款项已划回收入你方账户内
收款人开户银行签章
年　月　日</td><td colspan="10">中国银行股份有限公司
龙泉驿支行
2015.07.02
转讫
（付款人开户银行盖章）
2015年7月2日</td></tr>
</table>

单位主管　会计　复核　记账　　付款人开户银行收到日期2015年07月02日

支付日期 2015年07月02日

业务2：

表 2-2-$\frac{1}{5}$

商品购销合同

合同号：2015-559
购货单位：（以下简称甲方）阳光木业有限责任公司
供货单位：（以下简称乙方）成都市平安电梯厂
本着平等互利的原则，经双方协商，共同订立如下合同：
一、双方必须有合法的营业执照，乙方所供商品必须有合法商标，根据不同商品分别提供生产、经营许可证、注册商标证、产品合格证、进口商品检验证等。
二、甲方向乙方订购以下商品：

商品名称	规格型号	计量单位	数量	单价	金额
A型实木地板		平方米	3 000	300	900 000

三、到货时间：乙方10日内发货，运费由甲方承担。
四、货款结算
满100平米可享受9折优惠，付款条件（3/10，1/20，N/30）
五、合同一式贰份，双方盖章后生效。如违约需赔偿对方损失，按价款25%赔偿，不可抗力除外。
本合同在履行过程中，若发生纠纷或异议，双方协调解决。

购货单位（甲方）：龙泉天天贸易公司
法定代表人：程红
地 址：成都市龙泉驿区商业路68号
电 话：028—66698521
开 户 行：工行商业路支行62[illegible]4
签约日期：2015年7月2日

供货单位：（乙方）：阳光木业有限责任公司
法定代表人：梁平
地 址：成都市龙泉驿工业园1号
电 话：028-66668888
开 户 行：中行龙泉支行522188624816
签约日期：2015年7月2日

（印章：龙泉天天贸易公司 合同专用章；阳光木业有限责任公司 合同专用章）

表 2-2-$\frac{2}{5}$

四川增值税专用发票 No 00202109

记账联

开票日期：2015年07月02日

购货单位	名 称：龙泉天天贸易公司 纳税人识别号：915101135018062386 地 址、电话：成都市龙泉驿区商业路68号028-83554321 开户行及账号：中国工商银行龙泉驿支行410127242318076				密码区	#25<<1369〉4#5*10>> #1*321〉452-5#01〈109>>4 /1〈3*28*12#71〉58>8〈/4 *01/3〉78〉1/23#/5*10>	
货物或应税劳务名称	规格型号	单位	数量	单价	金额	税率	税额
A型实木地板	××	平方	3000.00	300.00	900000.00	17%	153000.00
合计					¥900000.00	17%	¥153000.00
价税合计（大写）	⊗ 壹佰零伍万叁仟元整				（小写）¥1053000.00		
销货单位	名 称：阳光木业有限责任公司 纳税人识别号：9151065328FK987636 地 址、电话：成都市龙泉工业园1号028-66668888 开户行及账号：中国银行龙泉驿支行522188624816				备注		

第一联：记账联 销货方记账凭证

收款人：张红 复核：黄伊 开票人：杨思琦 销货单位：（章）

（印章：阳光木业有限责任公司 9151065328FK987636 发票专用章）

表 2-2-$\frac{3}{5}$

产成品出库通知单

2015年7月2日

编号	名称	规格	单位	应发数量	实发数量	单位成本	计划成本								附注
							十	万	千	佰	十	元	角	分	
	A型实木地板		平米	3000	3000										
	合　计														

第三联 记账联

会计：杨思琦　　仓库主管：田丽　　保管：马一鸣　　制单：马一鸣

表 2-2-$\frac{4}{5}$

委托收款凭证（受理回单） 1

委托日期2015年07月02日

付款人	全　称	龙泉天天贸易公司	全　称	阳光木业有限责任公司
	账号或地址	578784868475218	账　号	522188624816
	开户银行	中国建设银行玉林支行	开户银行	成都银行龙泉驿支行
委收金额	人民币（大写）	壹佰零伍万柒仟元整	千 百 十 万 千 百 十 元 角 分	¥ 1 0 5 7 0 0 0 0 0
款项内容	销货款	委托收款凭证名称	委托收款	附寄单证：3张
备注：		上述款项已划回收入你方账户内 收款人开户银行签章 2015年07 月02日	中国银行龙泉驿支行业务专用章 （付款人开户银行盖章） 2015年07月02日	

此联付款人开户银行凭以汇款或收款人开户银行作为收账通知

表 2－2－$\frac{5}{5}$

中国银行 转账支票存根 **27724546**
附加信息
出票日期　2015年07月02日
收款人：龙泉货运公司 金额：¥4 000.00 用途：代垫运杂费
单位主管 刘国栋　会计 杨洋 复核　　记账

业务3：

表 2－3

委电 委托收款凭证（汇款依据或收款通知）　4

委托日期2015年07月05日

付款人	全　称	四海清河公司	收款人	全　称	阳光木业有限公司
	账号或地址	510378652411234		账　号	522188624816
	开户银行	建行玉林支行		开户银行	中国银行龙泉驿支行
委收金额	人民币（大写）	肆拾万元整		千百十万千百十元角分	¥40000000
款项内容	销货款	委托收款凭证名称		委托收款	2
备注：		款项收妥日期 2015年　07月　05日			（收款人开户银行盖章） 2015年07月05日

此联付款人开户银行凭以汇款或收款人开户银行作为收账通知

中国银行股份有限公司成都龙泉驿支行 2015.07.05 转讫

单位主管　会计　复核　记账　　付款人开户银行收到日期 2015年07月05日

支付日期 2015年07月05日

业务4：

表2－4

中国银行进账单（收账通知） 3

2015年 07 月 08 日

出票人	全　称	龙泉天天贸易公司	收款人	全　称	阳光木业有限责任公司
	账　号	410127869435218		账　号	522188624816
	开户银行	中国工商银行致民支行		开户银行	中国银行龙泉驿支行
金额	人民币（大写）	贰拾万元整		千百十万千百十元角分	¥20000000
票据种类	转账支票	票据张数	1		
票据号码	9123569				
复核　记账				收款人开户银行盖章	

中国工商银行股份有限公司 致民支行 2015.07.08 转讫

此联是收款人开户银行交给收款人的收账通知

业务5：

表2－5－$\frac{1}{6}$

商品购销合同

合同号：2015-996

购货单位：（以下简称甲方）阳光木业有限责任公司

供货单位：（以下简称乙方）内江艺龙木材厂

本着平等互利的原则，经双方协商，共同订立如下合同：

一、双方必须有合法的营业执照，乙方所供商品必须有合法商标，根据不同商品分别提供生产、经营许可证、注册商标证、产品合格证、进口商品检验证等。

二、甲方同乙方订购以下商品：

商品名称	规格型号	计量单位	数量	单价	金额
原木		立方	8 000	150	1 200 000

三、到货时间：乙方10日内发货，运费由甲方承担。

四、货款结算

委托收款

五、合同一式贰份，双方盖章后生效。如违约需赔偿对方损失，按价款25%赔偿，不可抗力除外。

本合同在履行过程中，若发生纠纷或异议，双方协调解决。

购货单位（甲方）：阳光木业有限责任公司

法定代表人：梁平

地　址：成都市龙泉驿区工业园[illegible]号

电　话：028—66668888

开 户 行：中行龙泉驿支行522188624816

签约日期：2015年07月10日

供货单位：（乙方）：内江艺龙木材厂

法定代表人：刘杰

地　址：内江市华安路88号

电　话：7895215

开 户 行：中行内江支行532354626758

签约日期：2015年07月10日

表 2－5－$\frac{2}{6}$

四川增值税专用发票 No 01509963

抵扣联

开票日期：2015年07月10日

购货单位	名　　称：阳光木业有限责任公司 纳税人识别号：9151065328FK987636 地 址、电话：成都市龙泉工业园1号028-66668888 开户行及账号：中国银行龙泉驿支行522188624816				密码区	#25<<1369〉4#5*10>> #1*321〉452-5#01〈109>>4 /1〈3*28*12#71〉58>8〈/4 *01/3〉78〉1/23#/5*10>		
货物或应税劳务名称		规格型号	单位	数量	单价	金额	税率	税额
原木		××	立方	8000.00	150.00	1200000.00	17%	204000.00
合计						¥1200000.00	17%	¥204000.00
价税合计（大写）	⊗	壹佰肆拾万零肆仟元整				（小写）¥1404000.00		
销货单位	名　　称：内江艺龙木材厂 纳税人识别号：91510590107412843 5 地 址、电话：内江市华安路40号 开户行及账号：中国银行内江支行 532354626758				备注			

第二联：抵扣联 购货方抵扣凭证

收款人：张小涛　　复核：秦琴　　开票人：　　销货单位：（章）

内江艺龙木材厂 91510590107412843 5 发票专用章

表 2－5－$\frac{3}{6}$

四川增值税专用发票 No 01509963

发票联

开票日期：2015年07月10日

购货单位	名　　称：阳光木业有限责任公司 纳税人识别号：9151065328FK987636 地 址、电话：成都市龙泉工业园1号028-66668888 开户行及账号：中国银行龙泉驿支行522188624816				密码区	#25<<1369〉4#5*10>> #1*321〉452-5#01〈109>>4 /1〈3*28*12#71〉58>8〈/4 *01/3〉78〉1/23#/5*10>		
货物或应税劳务名称		规格型号	单位	数量	单价	金额	税率	税额
原木		××	立方	8000.00	150.00	1200000.00	17%	204000.00
合计						¥1200000.00	17%	¥204000.00
价税合计（大写）	⊗	壹佰肆拾万零肆仟元整				（小写）¥1404000.00		
销货单位	名　　称：内江艺龙木材厂 纳税人识别号：91510590107412843 5 地 址、电话：内江市华安路40号 开户行及账号：中国银行内江支行 532354626758				备注			

第三联：发票联 购货方记账联

收款人：张小涛　　复核：秦琴　　开票人：　　销货单位：（章）

内江艺龙木材厂 91510590107412843 5 发票专用章

表 2－5－$\frac{4}{6}$

四川增值税专用发票　　No 63219852

抵扣联

开票日期：2015年07月10日

购货单位	名　　称：阳光木业有限责任公司 纳税人识别号：9151065328FK987636 地　址、电话：成都市龙泉工业园1号028-66668888 开户行及账号：中国银行龙泉驿支行522188624816			密码区	#25<<1369〉4#5*10>> #1*321〉452-5#01〈109>>4 /1〈3*28*12#71〉58>8〈/4 *01/3〉78〉1/23#/5*10>		
货物或应税劳务名称	规格型号	单位	数量	单价	金额	税率	税额
运输费	××	××	1.00	9900.00	9900.00	11%	1089.00
合计					¥9900.00	11%	¥1089.00
价税合计（大写）⊗	壹万零玖佰捌拾玖元整				（小写）¥10989.00		
销货单位	名　　称：内江市运输公司 纳税人识别号：91510590106328519 7 地　址、电话：内江市华安路632号 开户行及账号：中国银行内江支行　532354987632			备注	内江市运输公司 销货单位（章） 915105901063285197 发票专用章		

收款人：张小涛　　复核：秦琴　　开票人：

第二联：抵扣联　购货方抵扣凭证

表 2－5－$\frac{5}{6}$

四川增值税专用发票　　No 63219852

发票联

开票日期：2015年07月10日

购货单位	名　　称：阳光木业有限责任公司 纳税人识别号：9151065328FK987636 地　址、电话：成都市龙泉工业园1号028-66668888 开户行及账号：中国银行龙泉驿支行522188624816			密码区	#25<<1369〉4#5*10>> #1*321〉452-5#01〈109>>4 /1〈3*28*12#71〉58>8〈/4 *01/3〉78〉1/23#/5*10>		
货物或应税劳务名称	规格型号	单位	数量	单价	金额	税率	税额
运输费	××	××	1.00	9900.00	9900.00	11%	1089.00
合计					¥9900.00	11%	¥1089.00
价税合计（大写）⊗	壹万零玖佰捌拾玖元整				（小写）¥10989.00		
销货单位	名　　称：内江市运输公司 纳税人识别号：915105901063285197 地　址、电话：内江市华安路632号 开户行及账号：中国银行内江支行　532354987632			备注	内江市运输公司 销货单位（章） 915105901063285197 发票专用章		

收款人：张小涛　　复核：秦琴　　开票人：

第三联：发票联　购货方记账联

表 2－5－$\frac{6}{6}$

收　料　单

2015年07月10日

编号	材料名称	规格	计量单位	数量	成本				
					发票金额		摊运杂费	其他	合计
					单价	金额			
1	原木		立方	8000	150.00	1200000.00	9900.00		1209900.00
	合计					1200000.00			1209900.00

供应部负责人:　　　　记账: 刘元　　　　检验: 王涵

业务 6:

表 2－6

中国工商银行电汇凭证（回单） 1

委托日期　2015年07月11日　　　　第　　号

汇款人	全称	阳光木业有限责任公司		收款人	全称	雅安光明木材公司	
	账号或住址	522188624816			账号或住址	410127869205678	
	汇出地点	成都市龙泉驿区	汇出行全称：中国银行龙泉驿支行		汇入地点	四川雅安	汇入行名：工行雅安支行
金额	人民币（大写）	贰拾贰万元整				千百十万千百十元角分	¥22000000
汇款用途：支付货款							
单位主管　会计　复核　记账						汇出行盖章　2015年07月11日	

中国银行股份有限公司 成都龙泉驿支行 2015.07.11 转讫

此联汇出行给汇款人的回单

业务7：

表2－7

中国工商银行电汇凭证（收账通知）　4

委托日期：2015 年 07 月 11 日　　　　第　　号

<table>
<tr><td rowspan="3">汇款人</td><td>全　称</td><td colspan="3">四川青城公司</td><td rowspan="3">收款人</td><td>全　称</td><td colspan="3">阳光木业有限责任公司</td></tr>
<tr><td>账　号
或住址</td><td colspan="3">623724369475537</td><td>账　号
或住址</td><td colspan="3">522188624816</td></tr>
<tr><td>汇　出
地　点</td><td>成都市成华区</td><td>汇出行
全　称</td><td>工行成华支行</td><td>汇　入
地　点</td><td>成都市龙泉驿区</td><td>汇入行
名称</td><td>中国银行
龙泉驿支行</td></tr>
<tr><td>金额</td><td>人民币
（大写）</td><td colspan="7">壹拾捌万捌仟元整</td><td>百 十 万 千 百 十 元 角 分
¥ 1 8 8 0 0 0 0 0</td></tr>
<tr><td colspan="10">汇款用途：付货款</td></tr>
<tr><td colspan="10">中国工商银行股份有限公司 成都成华支行 2015.07.11 转讫
汇出行盖章 2015 年 07 月 11 日</td></tr>
<tr><td colspan="10">单位主管　　会计　　复核　　记账</td></tr>
</table>

此联汇出行给收款人的收账通知

业务8：

表2－8－$\frac{1}{6}$

商品购销合同

合同号：2015-988

购货单位：（以下简称甲方）阳光木业有限责任公司

供货单位：（以下简称乙方）雅安光明木材公司

本着平等互利的原则，经双方协商，共同订立如下合同：

一、双方必须有合法的营业执照，乙方所供商品必须有合法商标，根据不同商品分别提供生产、经营许可证、注册商标证、产品合格证、进口商品检验证等。

二、甲方向乙方订购以下商品：

商品名称	规格型号	计量单位	数量	单价	金额
原木		立方	10 000	150	1 500 000

三、到货时间：乙方10日内发货，运费由甲方承担。

四、货款结算

委托收款

五、合同一式贰份，双方盖章后有效，如违约需赔偿对方损失，按价款25%赔偿，不可抗力除外。

本合同在履行过程中，若发生纠纷或异议，双方协调解决。

购货单位（甲方）：阳光木业有限责任公司（合同专用章）

法定代表人：梁平

地　址：成都市龙泉驿区工[illegible]

电　话：028—66668888

开 户 行：中行龙泉驿支行522188624816

签约日期：2015年07月11日

供货单位：（乙方）雅安光明木材厂（合同专用章）

法定代表人：方媛

地　址：雅安市太平路99号

电　话：7885214

开 户 行：中行雅安支行542369726854

签约日期：2015年07月11日

表 2-8-$\frac{2}{6}$

四川增值税专用发票

No 85214732

抵扣联

开票日期：2015年07月11日

购货单位	名　　称：阳光木业有限责任公司 纳税人识别号：9151065328FK987636 地 址、电话：成都市龙泉工业园1号028-66668888 开户行及账号：中国银行龙泉驿支行522188624816			密码区	#25<<1369〉4#5*10>> #1*321〉452-5#01〈109>>4 /1〈3*28*12#71〉58>8〈/4 *01/3〉78〉1/23#/5*10>		
货物或应税劳务名称	规格型号	单位	数量	单价	金额	税率	税额
原木	××	立方	10000.00	150.00	1500000.00	17%	255000.00
合计					¥1500000.00	17%	¥255000.00
价税合计（大写）	⊗ 壹佰柒拾伍万伍仟元整				（小写） ¥1755000.00		
销货单位	名　　称：雅安光明木材公司 纳税人识别号：915103698521569325 地 址、电话：雅安市太平路99号 开户行及账号：中国银行雅安支行 542369726854			备注			

收款人：李晓斌　复核：李莉　开票人：张宇　销货单位：（章）雅安光明木材公司 915103698521569325 发票专用章

第二联：抵扣联 购货方抵扣凭证

表 2-8-$\frac{3}{6}$

四川增值税专用发票

No 85214732

发票联

开票日期：2015年07月11日

购货单位	名　　称：阳光木业有限责任公司 纳税人识别号：9151065328FK987636 地 址、电话：成都市龙泉工业园1号028-66668888 开户行及账号：中国银行龙泉驿支行522188624816			密码区	#25<<1369〉4#5*10>> #1*321〉452-5#01〈109>>4 /1〈3*28*12#71〉58>8〈/4 *01/3〉78〉1/23#/5*10>		
货物或应税劳务名称	规格型号	单位	数量	单价	金额	税率	税额
原木	××	立方	10000.00	150.00	1500000.00	17%	255000.00
合计					¥1500000.00	17%	¥255000.00
价税合计（大写）	⊗ 壹佰柒拾伍万伍仟元整				（小写） ¥1755000.00		
销货单位	名　　称：雅安光明木材公司 纳税人识别号：915103698521569325 地 址、电话：雅安市太平路99号 开户行及账号：中国银行雅安支行 542369726854			备注			

收款人：李晓斌　复核：李莉　开票人：张宇　销货单位：（章）雅安光明木材公司 915103698521569325 发票专用章

第三联：发票联 购货方记账联

表2-8-$\frac{4}{6}$

四川增值税专用发票 No 63219852

四川 国家税务总局监制

抵扣联

开票日期：2015年07月11日

购货单位	名 称：阳光木业有限责任公司 纳税人识别号：9151065328FK987636 地 址、电话：成都市龙泉工业园1号028-66668888 开户行及账号：中国银行龙泉驿支行522188624816				密码区	#25<<1369〉4#5*10>> #1*321〉452-5#01〈109>>4 /1〈3*28*12#71〉58>8〈/4 *01/3〉78〉1/23#/5*10>	
货物或应税劳务名称	规格型号	单位	数量	单价	金额	税率	税额
运输费	××	××	1.00	2060.00	2060.00	11%	226.60
合计					¥2060.00	11%	¥226.60
价税合计（大写）⊗	贰仟贰佰捌拾陆元陆角整				（小写）¥2286.60		
销货单位	名 称：雅安市运输公司 纳税人识别号：915105996385214778 地 址、电话：雅安市农大路632号 开户行及账号：中国银行雅安支行 532336985214				备注		

第二联：抵扣联 购货方抵扣凭证

收款人：张小涛 复核：秦零 开票人：张青 销货单位：（章）

雅安市运输公司 915105996385214778 发票专用章

表2-8-$\frac{5}{6}$

四川增值税专用发票 No 63219852

四川 国家税务总局监制

发票联

开票日期：2015年07月11日

购货单位	名 称：阳光木业有限责任公司 纳税人识别号：9151065328FK987636 地 址、电话：成都市龙泉工业园1号028-66668888 开户行及账号：中国银行龙泉驿支行522188624816				密码区	#25<<1369〉4#5*10>> #1*321〉452-5#01〈109>>4 /1〈3*28*12#71〉58>8〈/4 *01/3〉78〉1/23#/5*10>	
货物或应税劳务名称	规格型号	单位	数量	单价	金额	税率	税额
运输费	××	××	1.00	2060.00	2060.00	11%	226.60
合计					¥2060.00	11%	¥226.60
价税合计（大写）⊗	贰仟贰佰捌拾陆元陆角整				（小写）¥2286.60		
销货单位	名 称：雅安市运输公司 纳税人识别号：915105996385214778 地 址、电话：雅安市农大路632号 开户行及账号：中国银行雅安支行 532336985214				备注		

第三联：发票联 购货方记账联

收款人：张小涛 复核：秦零 开票人：张青 销货单位：（章）

雅安市运输公司 915105996385214778 发票专用章

表 2－8－$\frac{6}{6}$

收　　料　　单

2015年07月11日

编号	材料名称	规格	计量单位	数量	成本				
					发票金额		摊运杂费	其他	合计
					单价	金额			
1	原木		立方	10 000	150. 00	1 500 000.00	2 060.00		1 502 060.00
	合　计					1 500 000.00			1 502 060.00

供应部负责人：　　　　记账：刘元　　　　检验：王涵

业务 9：

表 2－9－$\frac{1}{4}$

商品购销合同

合同号：2015-666

购货单位：（以下简称甲方）四川五洲有限责任公司

供货单位：（以下简称乙方）阳光木业有限责任公司

本着平等互利的原则，经双方协商，共同订立如下合同：

一、双方必须有合法的营业执照，乙方所供商品必须有合法商标，根据不同商品分别提供生产、经营许可证、注册商标证、产品合格证、进口商品检验证等。

二、甲方向乙方订购以下商品：

商品名称	规格型号	计量单位	数量	单价	金额
B型实木地板		平方米	1 000	300	300 000

三、到货时间：乙方10日内发货，运费由甲方承担。

四、货款结算

抵付预收账款67000元，并采用托收承付。

五、合同一式贰份，双方盖章后生效，如违约需赔偿对方损失，按价款25%赔偿，不可抗力除外。

本合同在履行过程中，若发生纠纷争议，双方协调解决。

购货单位（甲方）：四川五洲有限责任

法定代表人：冯华

地　址：新蓝市实业路66号

电　话：89652156

开 户 行：工行实业路支行 4305664151111876

签约日期：2015年07月16日

供货单位：（乙方）：阳光木业有限责任公司

法定代表人：梁平

地　址：成都市龙泉驿工业园1号

电　话：028-66668888

开 户 行：中行龙泉支行522188624816

签约日期：2015年07月16日

四川五洲有限责任公司 合同专用章

阳光木业有限责任公司 合同专用章

表 2-9-$\frac{2}{4}$

四川增值税专用发票

No 00567803

四川 国家税务总局监制

记账联

开票日期：2015年07月16日

购货单位	名称：四川五洲有限责任公司 纳税人识别号：91510601047253481 地址、电话：新蓝市实业路467号 028-87567239 开户行及账号：工行实业路支行 4905664451111876				密码区	#25<<1369〉4#5*10>> #1*321〉452-5#01〈109>>4 /1〈3*28*12#71〉58>8〈/4 *01/3〉78〉1/23#/5*10>		
货物或应税劳务名称		规格型号	单位	数量	单价	金额	税率	税额
B型实木地板		××	平方	1000.00	300.00	300000.00	17%	51000.00
合计						¥300000.00	17%	¥51000.00
价税合计（大写） ⊗		叁拾伍万壹仟元整				（小写）¥351000.00		
销货单位	名称：阳光木业有限责任公司 纳税人识别号：9151065328FK987636 地址、电话：成都市龙泉工业园1号028-66668888 开户行及账号：中国银行龙泉驿支行522188624816				备注			

第一联：记账联 销货方记账凭证

收款人：张红 复核：杨洋 开票人：张宇 销货单位：（章）

阳光木业有限责任公司 9151065328FK987636 发票专用章

表 2-9-$\frac{3}{4}$

产成品出库通知单

2015年07月16日

编号	名称	规格	单位	应发数量	实发数量	单位成本	计划成本 十	万	千	佰	十	元	角	分	附注
	B型实木地板		平米	1 000	1 000										
	合 计														

第三联 记账联

会计：王振 仓库主管：田雨 保管：吴奇 制单：谷夏

表 2－9－$\frac{4}{4}$

委托收款凭证（受理回单）　　1

委托日期2015年07月16日

付款人	全　称	四川五洲有限责任公司	全　称	阳光木业有限责任公司										
	账号或地址	4905664451111878	账　号	522188624816										
	开户银行	中国工商银行实业支行	开户银行	成都银行龙泉驿支行										
委收金额	人民币（大写）	贰拾捌万肆仟元整		千	百	十	万	千	百	十	元	角	分	
					¥	2	8	4	0	0	0	0	0	
款项内容	销货款	委托收款凭证名称	委托收款	附寄单证	3张									
备注:		上述款项已划回收入你方账户内 收款人开户银行签章 年　月　日		中国银行龙泉驿支行 业务专用章 （付款人开户银行盖章） 2015年7月16日										

此联付款人开户银行凭以汇款或收款人开户银行作为收账通知

单位主管　会计　复核　记账　　　付款人开户银行收到日期 2015年07月16日

支付日期 2015年07月16日

业务 10：

表 2－10

费用报销单

2015年07月16日　　　　附件1张（略）

费用项目	类别	金额	部门负责人（签章）	梁平
管理费用	差旅费	2 500		
			审查意见	同意报销
	现金付讫			
			报销人	刘军
报销金额合计		¥2 500.00		
核实金额（大写）：人民币贰仟伍佰元整				
借款数：2 000.00元	应退数		应补金额：500.00元	

审核 张蓉　　　　出纳 李芳

业务 11：

表 2－11

工商银行进账单（收账通知）　3

2015年07月18日

出票人	全　称	平安保险成都分公司	收款人	全　称	阳光木业有限责任公司
	账　号	410333675423542		账　号	522188624816
	开户银行	工行梨花街支行		开户银行	中国银行龙泉驿支行
金　额	人民币（大写）	柒万捌仟元整			

千	百	十	万	千	百	十	元	角	分
		¥	7	8	0	0	0	0	0

票据种类	转账支票	票据张数	1张
票据号码	8965435		
复核　　记账		收款人开户银行签章	

中国银行股份有限公司
成都龙泉驿支行
2015.07.18
转讫

此联是收款人开户银行交给收款人的收账通知

业务 12：

表 2－12

工商银行进账单（收账通知）　3

2015年07月22日

出票人	全　称	阳光木业有限责任公司	收款人	全　称	四川顺捷租赁公司
	账　号	522188624816		账　号	41067584367
	开户银行	中国银行龙泉驿支行		开户银行	成都银行锦江支行
金　额	人民币（大写）	肆仟元整			

千	百	十	万	千	百	十	元	角	分
			¥	4	0	0	0	0	0

票据种类	转账支票	票据张数	1张
票据号码	912268		
复核　　记账		收款人开户银行签章	

中国银行股份有限公司
成都龙泉驿支行
2015.07.22
转讫

此联是收款人开户银行交给收款人的收账通知

业务13：

表2－13

坏账准备计提表

年　月　日

单位：元

应收款金额	计提比例	估计的坏账金额	计提的坏账准备
合计			

3 项目实训3 存货核算

一、实训目标

指导学生了解存货业务原始凭证的取得过程，训练学生认知存货原始凭证的能力，独立完成编制各种材料费用分配表的能力，填制记账凭证的能力，审核凭证的能力，登记账簿的能力。

二、实训资料

（一）会计主体基本资料

阳光木业有限责任公司：法人代表：梁平；总经理：杨斌；财务经理：李芳；核算员：王振、刘元；稽核：赵军；出纳：张蓉。公司地址：成都市龙泉驿工业园1号；电话：028－85456742；开户银行：中国银行龙泉驿支行，账号：522188624816；纳税主管机关：成都市龙泉驿区国税一分局，纳税识别号：9151065328FK987636。企业设立的生产车间生产强化木地板和中密度纤维板两类产品。原材料为原木、地板胶、木纹纸、防潮纸、耐磨纸、油漆、石蜡等。

（二）内部会计制度

（1）原材料按照计划成本核算。

（2）周转材料、库存商品按实际成本计价，采用先进先出法结转成本。

（3）购入材料实际成本包括买价和采购费用等，购买多种材料共同发生的运杂费按材料重量比例分配。

（4）发出周转材料采用一次转销法，在建工程、委托加工领用材料成本按期初结存材料单位成本确定。

（5）入库材料的材料成本差异入库的同时结转。

（6）月末编制发料汇总表对发出材料进行处理。

（7）产品共同耗用的材料按照产品的投产量进行分配。（本月强化木地板投产量2 900m^2，中密度纤维板投产量2 000m^2

（三）2015年3月部分科目的期初余额（单位：元）如下：

科目	项目			
	计量单位	数量	单位成本	金额
原材料				
——原木	立方米	330	300	99 000
——地板胶	千克	400	2	800
——木纹纸	张	800	12	9 600
——防潮纸	张	800	3	2 400
——耐磨纸	张	800	4	3 200
——石蜡	千克	2 000	5	10 000
——油漆	千克	200	19	3 800
材料成本差异				-480
——地板胶				-40
——木纹纸				800
——防潮纸				-240
——石蜡				-1 000
周转材料				8 400
——包装箱（纸制）	个	700	12	8 400
库存商品				266 400
——强化木地板	平方米	1800	96	172 800
——中密度纤维板	平方米	1200	78	93 600
预付账款				2 000
——华强装饰				2 000

业务1：

表 3-1-$\frac{1}{7}$

四川增值税专用发票　No 30462503

四川 国家税务总局监制

抵扣联

开票日期：2015年03月02日

购货单位	名　　称：阳光木业有限责任公司 纳税人识别号：9151065328FK987636 地 址、电 话：成都市龙泉工业园1号028-85456742 开户行及账号：中国银行龙泉驿支行522188624816			密码区	#25<<1369〉4#5*10>> #1*321〉452-5#01〈109>>4 /1〈3*28*12#71〉58>8〈/4 *01/3〉78〉1/23#/5*10>		
货物或应税劳务名称	规格型号	单位	数量	单价	金额	税率	税额
地板胶	F-3	KG	6000.00	2.80	16800.00	17%	2856.00
合计					¥16800.00	17%	¥2856.00
价税合计（大写）	⊗ 壹万捌仟陆佰肆拾捌元整				（小写）¥19656.00		
销货单位	名　　称：成都华强装饰公司 纳税人识别号：91510101908124711 6 地 址、电 话：成都市天神桥街8号 开户行及账号：工行锦城支行 11695287413			备注			

第二联：抵扣联　购货方抵扣联

收款人：李明　复核：林生平　开票人：林小秋　销货单位（章）

成都华强装饰公司 510101908124711 6 发票专用章

表 3－1－$\frac{2}{7}$

四川增值税专用发票　No 30462503

四川　国家税务总局监制

抵扣联

开票日期：2015年03月02日

购货单位	名　　称：阳光木业有限责任公司 纳税人识别号：9151065328FK987636 地 址、电话：成都市龙泉工业园1号028-85456742 开户行及账号：中国银行龙泉驿支行522188624816			密码区	#25<<1369〉4#5*10>> #1*321〉452-5#01〈109>>4 /1〈3*28*12#71〉58>8〈/4 *01/3〉78〉1/23#/5*10>		
货物或应税劳务名称	规格型号	单位	数量	单价	金额	税率	税额
地板胶	F-3	KG	6000.00	2.80	16800.00	17%	2856.00
合计					¥16800.00	17%	¥2856.00
价税合计（大写）	⊗ 壹万捌仟陆佰肆拾捌元整				（小写）¥19656.00		
销货单位	名　　称：成都华强装饰公司 纳税人识别号：915101019081247116 地 址、电话：成都市天神桥街8号 开户行及账号：工行锦城支行 11695287413			备注			

收款人：李明　复核：林生平　开票人：林小秋　销货单位（章）

成都华强装饰公司 915101019081247116 发票专用章

第二联：抵扣联 购货方抵扣联

表 3－1－$\frac{3}{7}$

四川增值税专用发票　No 30462503

四川　国家税务总局监制

发票联

开票日期：2015年03月02日

购货单位	名　　称：阳光木业有限责任公司 纳税人识别号：9151065328FK987636 地 址、电话：成都市龙泉工业园1号028-85456742 开户行及账号：中国银行龙泉驿支行522188624816			密码区	#25<<1369〉4#5*10>> #1*321〉452-5#01〈109>>4 /1〈3*28*12#71〉58>8〈/4 *01/3〉78〉1/23#/5*10>		
货物或应税劳务名称	规格型号	单位	数量	单价	金额	税率	税额
地板胶	F-3	KG	6000.00	2.80	16800.00	17%	2856.00
合计					¥16800.00	17%	¥2856.00
价税合计（大写）	⊗ 壹万捌仟陆佰肆拾捌元整				（小写）¥19656.00		
销货单位	名　　称：成都华强装饰公司 纳税人识别号：915101019081247116 地 址、电话：成都市天神桥街8号 开户行及账号：工行锦城支行 11695287413			备注			

收款人：李明　复核：林生平　开票人：林小秋　销货单位（章）

成都华强装饰公司 915101019081247116 发票专用章

第三联：发票联 购货方记账联

表 3-1-$\frac{4}{7}$

四川增值税专用发票　No 83938463

抵扣联

开票日期：2015年03月02日

购货单位	名　　称：阳光木业有限责任公司 纳税人识别号：9151065328FK987636 地 址、电话：成都市龙泉工业园1号028-85456742 开户行及账号：中国银行龙泉驿支行522188624816			密码区	#25<<1369〉4#5*10>> #1*321〉452-5#01〈109>>4 /1〈3*28*12#71〉58>8〈/4 *01/3〉78〉1/23#/5*10>		
货物或应税劳务名称	规格型号	单位	数量	单价	金额	税率	税额
运输费	××	×	1.00	300.00	300.00	11%	33.00
合计					¥300.00	11%	¥33.00
价税合计（大写）	⊗ 叁佰叁拾元整				（小写）¥333.00		
销货单位	名　　称：大灰狼运输有限公司 纳税人识别号：915101019839280668 地 址、电话：成都市茶花树街92号 开户行及账号：工行三圣乡支行 11695283920			备注			

第二联：抵扣联 购货方抵扣联

收款人：乐从　复核：蓝迪　开票人：王梅　销货单位：（章）大灰狼运输有限公司 915101019839280668 发票专用章

表 3-1-$\frac{5}{7}$

四川增值税专用发票　No 83938463

发票联

开票日期：2015年03月02日

购货单位	名　　称：阳光木业有限责任公司 纳税人识别号：9151065328FK987636 地 址、电话：成都市龙泉工业园1号028-85456742 开户行及账号：中国银行龙泉驿支行522188624816			密码区	#25<<1369〉4#5*10>> #1*321〉452-5#01〈109>>4 /1〈3*28*12#71〉58>8〈/4 *01/3〉78〉1/23#/5*10>		
货物或应税劳务名称	规格型号	单位	数量	单价	金额	税率	税额
运输费			1.00	300.00	300.00	11%	33.00
合计					¥300.00	11%	¥33.00
价税合计（大写）	⊗ 叁佰叁拾元整				（小写）¥333.00		
销货单位	名　　称：大灰狼运输有限公司 纳税人识别号：915101019839280668 地 址、电话：成都市茶花树街92号 开户行及账号：工行三圣乡支行 11695283920			备注			

第三联：发票联 购货方记账联

收款人：乐从　复核：蓝迪　开票人：王梅　销货单位：（章）大灰狼运输有限公司 915101019839280668 发票专用章

表 3－1－$\frac{6}{7}$

中国银行电汇凭证（回单） 4

委托日期 2015 年3 月 2日 第 号

汇款人	全 称	阳光木业有限责任公司		收款人	全 称	成都华强装饰公司	
	账 号 或住址	522188624816			账 号 或住址	51365425896452	
	汇 出 地 点	成都市 龙泉驿区	汇出行全称 中国银行龙泉驿支行		汇 入 地 点	成都市温江区	汇入行名 中国银行温江支行
金额	人民币 （大写）	壹万玖仟玖佰捌拾玖圆整				千百十万千百十元角分	¥ 1 7 9 8 9 0 0
汇款用途：支付货款与运费							
单位主管 会计 复核 记账					汇出行盖章 2015年03 月02日		

中国银行股份有限公司
成都龙泉驿支行
2015.03.02
转讫

此联汇出行给汇款人的回单

表 3－1－$\frac{7}{7}$

收 料 单

材料类别： 低值易耗品 仓库： 材料仓库

供应单位： 成都长阳化工厂 2015年3月2日

材料名称	规格	计量单位	数量		实际成本						计划成本		
			应收	实收	发票金额 单价	发票金额 金额	摊运杂费	其他	合计	单位成本	单位成本	金额	成本差异
地板胶		千克	6 000	6 000	2. 80	16 800.00	300.00		17 100.00	2.85	2.00		5 100.00
合 计						16 800.00			17 100.00				

第2联 记账联

收料：王强 记账： 检验：

业务 2：

表 3－2

中国银行电汇凭证（回单） 4

委托日期　2015 年 3　月 3 日　　　　　　　　　　　　第　　号

汇款人	全　称	阳光木业有限责任公司		收款人	全　称	北州县林业开发公司	
	账　号或住址	522188624816			账　号或住址	51365425893581	
	汇　出地　点	成都市龙泉驿区	汇出行全称：中国银行龙泉驿支行		汇　入地　点	四川省北州市	汇入行名：中国银行北州支行
金额	人民币（大写）	伍万元整				千百十万千百十元角分	¥ 5 0 0 0 0 0 0
汇款用途：预付货款							
单位主管　会计　复核　记账					汇出行盖章　2015年03 月03日		

中国银行股份有限公司 成都龙泉驿支行 2015.03.03 转讫

此联汇出行给汇款人的回单

业务 3：

表 3－3－$\frac{1}{2}$

领料单

领料单号：20150304011　　领料部门：基本生产部门　　领料日期：2015-03-04

领料类别：生产领料　　材料科目：原材料

材料编码	货位号	材料名称	材料类别	规格	计量单位	请领数量	实发数量	单价	金额
		原木	原料及主要材料		立方	100.00	100.00		
备注		生产产品共同耗用							
合　计									

审核人：陈丽　　发料员：陈丽　　记账人：董伟　　领料人：阮清

第2联　记账联

表 3－3－$\frac{2}{2}$

领料单

领料单号：20150304012　　领料部门：基本生产部门　　领料日期：2015-03-04

领料类别：生产领料　　材料科目：原材料

材料编码	货位号	材料名称	材料类别	规格	计量单位	请领数量	实发数量	单价	金额
		地板胶			千克	720.00	720.00		
		石蜡			千克	500.00	500.00		
备注		生产产品共同耗用							
合　计									

审核人：陈丽　　发料员：陈丽　　记账人：董伟　　领料人：阮清

第2联　记账联

业务4：

表 3-4-$\frac{1}{5}$

四川增值税专用发票

No 30462504

抵扣联

开票日期：2015年03月05日

购货单位		密码区	
名　　称：阳光木业有限责任公司 纳税人识别号：9151065328FK987636 地 址、电话：成都市龙泉工业园1号028-85456742 开户行及账号：中国银行龙泉驿支行522188624816		密码区	#25<<1369〉4#5*10>> #1*321〉452-5#01〈109>>4 /1〈3*28*12#71〉58>8〈/4 *01/3〉78〉1/23#/5*10>

货物或应税劳务名称	规格型号	单位	数量	单价	金额	税率	税额
原木	××	立方	400.00	300.00	120000.00	11%	13200.00
合计					¥120000.00	11%	¥13200.00
价税合计（大写） ⊗	壹拾叁万叁仟贰佰元整				（小写）¥133200.00		

销货单位	备注
名　　称：宜宾市林业开发公司 纳税人识别号：9151010190862184M3 地 址、电话：宜宾市五谷大道48号 开户行及账号：中国银行宜宾支行 5695286213	宜宾市林业开发公司 9151010190862184M3 发票专用章

收款人：　　复核：王霄　　开票人：秋实　　销货单位（章）

第二联：抵扣联 购货方抵扣联

表 3-4-$\frac{2}{5}$

四川增值税专用发票

No 30462504

发票联

开票日期：2015年03月05日

购货单位		密码区	
名　　称：阳光木业有限责任公司 纳税人识别号：9151065328FK987636 地 址、电话：成都市龙泉工业园1号028-85456742 开户行及账号：中国银行龙泉驿支行522188624816		密码区	#25<<1369〉4#5*10>> #1*321〉452-5#01〈109>>4 /1〈3*28*12#71〉58>8〈/4 *01/3〉78〉1/23#/5*10>

货物或应税劳务名称	规格型号	单位	数量	单价	金额	税率	税额
原木	××	立方	400.00	300.00	120000.00	11%	13200.00
合计					¥120000.00	11%	¥13200.00
价税合计（大写） ⊗	壹拾叁万叁仟贰佰元整				（小写）¥133200.00		

销货单位	备注
名　　称：宜宾市林业开发公司 纳税人识别号：9151010190862184M3 地 址、电话：宜宾市五谷大道48号 开户行及账号：中国银行宜宾支行 5695286213	宜宾市林业开发公司 9151010190862184M3 发票专用章

收款人：　　复核：王霄　　开票人：秋实　　销货单位（章）

第二联：发票联 购货方记账联

表 3－4－$\frac{3}{5}$

四川增值税专用发票　No 30467564

全国统一发票监制章 四川 国家税务总局监制

抵扣联

开票日期：2015年03月05日

购货单位	名　　称：阳光木业有限责任公司 纳税人识别号：9151065328FK987636 地 址、电话：成都市龙泉工业园1号028-85456742 开户行及账号：中国银行龙泉驿支行522188624816				密码区	#25<<1369〉4#5*10>> #1*321〉452-5#01〈109>>4 /1〈3*28*12#71〉58>8〈/4 *01/3〉78〉1/23#/5*10>	
货物或应税劳务名称	规格型号	单位	数量	单价	金额	税率	税额
运输费			1.00	1000.00	1000.00	11%	110.00
合计					¥1000.00	11%	¥110.00
价税合计（大写）⊗	壹仟壹佰壹拾元整				（小写）¥1110.00		
销货单位	名　　称：宜宾市运输有限公司 纳税人识别号：915101019086984DG7 地 址、电话：宜宾市五粮大道56号 开户行及账号：中国建设银行宜宾支行 56956487384				备注		

收款人：　　复核：紫薇　　开票人：徐英　　销货单位（章）：宜宾市林业开发公司 915101019086984DG7 发票专用章

第二联：抵扣联 购货方抵扣联

表 3－4－$\frac{4}{5}$

四川增值税专用发票　No 30467564

全国统一发票监制章 四川 国家税务总局监制

发票联

开票日期：2015年03月05日

购货单位	名　　称：阳光木业有限责任公司 纳税人识别号：9151065328FK987636 地 址、电话：成都市龙泉工业园1号028-85456742 开户行及账号：中国银行龙泉驿支行522188624816				密码区	#25<<1369〉4#5*10>> #1*321〉452-5#01〈109>>4 /1〈3*28*12#71〉58>8〈/4 *01/3〉78〉1/23#/5*10>	
货物或应税劳务名称	规格型号	单位	数量	单价	金额	税率	税额
运输费			1.00	1000.00	1000.00	11%	110.00
合计					¥1000.00	11%	¥110.00
价税合计（大写）⊗	壹仟壹佰壹拾元整				（小写）¥1110.00		
销货单位	名　　称：宜宾市运输有限公司 纳税人识别号：915101019086984DG7 地 址、电话：宜宾市五粮大道56号 开户行及账号：中国建设银行宜宾支行 56956487384				备注		

收款人：　　复核：紫薇　　开票人：徐英　　销货单位（章）：宜宾市林业开发公司 915101019086984DG7 发票专用章

第三联：发票联 购货方记账联

表 3－4－$\frac{5}{5}$

中国银行电汇凭证（回单）4

委托日期　2015年03月05日　　　　第　号

汇款人	全称	阳光木业有限责任公司		收款人	全称	宜宾林业开发公司	
	账号或住址	522188624816			账号或住址	5695286213	
	汇出地点	成都市龙泉驿区	汇出行全称：中国银行龙泉驿支行		汇入地点	成都市温江区	汇入行名：中国银行温江支行
金额	人民币（大写）	壹拾叁万肆仟叁佰壹拾元整				千百十万千百十元角分	¥ 1 3 4 3 1 0 0 0
汇款用途：支付货款与运费							
						汇出行盖章	2015年03月05日
单位主管	会计	复核	记账				

中国银行股份有限公司 成都龙泉驿支行 2015.03.05 转讫

此联汇出行给汇款人的回单

业务 5：

表 3－5－$\frac{1}{4}$

6209513648　　**四川增值税专用发票**　　No 30462924

全国统一发票监制章 四川 国家税务总局监制

抵扣联

开票日期：2015年03月06日

购货单位	名称：阳光木业有限责任公司 纳税人识别号：9151065328FK987636 地址、电话：成都市龙泉工业园1号028-85456742 开户行及账号：中国银行龙泉驿支行522188624816			密码区	#25<<1369〉4#5*10>> #1*321〉452-5#01〈109>>4 /1〈3*28*12#71〉58>8〈/4 *01/3〉78〉1/23#/5*10>		
货物或应税劳务名称	规格型号	单位	数量	单价	金额	税率	税额
工作服	××	件	500.00	80.00	40000.00	17%	6800.00
合计					¥40000.00	17%	¥6800.00
价税合计（大写）	⊗ 肆万陆仟捌佰元整				（小写）¥46800.00		
销货单位	名称：成都市老兵服饰有限责任公司 纳税人识别号：91510102693453l228 地址、电话：成都市金花镇38号 开户行及账号：工行金花镇支行11695245752			备注			

收款人：　　复核：李静雯　　开票人：王曦　　销货单位：（章）

成都市老兵服饰有限公司 91510102693453l228 发票专用章

第二联：抵扣联 购货方抵扣联

表 3－5－$\frac{2}{4}$

6209513648 **四川增值税专用发票** No 30462924

发票联

开票日期：2015年03月06日

购货单位	名　　称：阳光木业有限责任公司 纳税人识别号：9151065328FK987636 地　址、电话：成都市龙泉工业园1号028-85456742 开户行及账号：中国银行龙泉驿支行522188624816			密码区	#25<<1369〉4#5*10>> #1*321〉452-5#01〈109>>4 /1〈3*28*12#71〉58>8〈/4 *01/3〉78〉1/23#/5*10>		
货物或应税劳务名称	**规格型号**	**单位**	**数量**	**单价**	**金额**	**税率**	**税额**
工作服	××	件	500.00	80.00	40000.00	17%	6800.00
合计					¥40000.00	17%	¥6800.00
价税合计（大写）⊗	肆万陆仟捌佰元整				（小写）¥46800.00		
销货单位	名　　称：成都市老兵服饰有限责任公司 纳税人识别号：915101026934531228 地　址、电话：成都市金花镇38号 开户行及账号：工行金花镇支行11695245752			备注	成都市老兵服饰有限公司 915101026934531228 发票专用章		

收款人：　　复核：李静雯　　开票人：王曦　　销货单位：（章）

第三联：发票联　购货方记账凭证

表 3－5－$\frac{3}{4}$

中国银行电汇凭证（回单）4

委托日期　2015年03月06日　　　　第0690号

汇款人	全　称	阳光木业有限责任公司			收款人	全　称	成都市老兵服饰有限责任公司		
	账　号或住址	522188624816				账　号或住址	11695245752		
	汇　出地　点	成都市龙泉驿区	汇出行全称	中国银行龙泉驿支行		汇　入地　点	成都市温江区	汇　入行　名	工商银行温江支行

金额	人民币（大写）	肆万陆仟捌佰元整	千	百	十	万	千	百	十	元	角	分
					¥	4	6	8	0	0	0	0

汇款用途：支付货款

中国银行股份有限公司 成都龙泉驿支行 2015.03.06 转讫

汇出行盖章　2015年03月06日

单位主管　　会计　　复核　　记账

此联汇出行给汇款人的回单

表 3－5－$\frac{4}{4}$

收　料　单

材料类别：　低值易耗品　　2015年03月06日　　仓库：　材料仓库

供应单位：　成都市老兵服饰有限责任公司

材料名称	规格	计量单位	数量		成本					
					发票金额		摊运杂费	其他	合计	单位成本
			应收	实收	单价	金额				
工作服		件	500	500	80.00	40 000.00	0.00		40 000.00	80.00
合　计						40 000.00			40 000.00	

第2联：记账联

收料：刘元　　记账：李宏一　　检验：张红亮

业务 6：

表 3－6

领料单

领料单号：20150304011　　领料部门：基本车间　　领料日期：2015-03-06

领料类别：生产领料　　材料科目：原材料

材料编码	货位号	材料名称	材料类别	规格	计量单位	请领数量	实发数量	单价	金额
		木纹纸			张	90.00	90.00		
		防潮纸			张	90.00	90.00		
		耐磨纸			张	90.00	90.00		
备注		生产强化木地板用							
合　计									

第2联：记账联

审核人：陈丽　　发料员：李义财　　记账人：董伟　　领料人：张青云

业务7：

表3-7-$\frac{1}{5}$

四川增值税专用发票　No 30462827

全国统一发票监制章 四川 国家税务总局监制

抵扣联

开票日期：2015年03月07日

购货单位	名　　称：阳光木业有限责任公司 纳税人识别号：9151065328FK987636 地　址、电话：成都市龙泉工业园1号028-85456742 开户行及账号：中国银行龙泉驿支行522188624816			密码区	#25<<1369〉4#5*10>> #1*321〉452-5#01〈109>>4 /1〈3*28*12#71〉58>8〈/4 *01/3〉78〉1/23#/5*10>		
货物或应税劳务名称	规格型号	单位	数量	单价	金额	税率	税额
包装箱	××	个	600.00	12.00	7200.00	17%	1224.00
合计					¥7200.00	17%	¥1224.00
价税合计（大写）	⊗ 捌仟肆佰贰拾肆元整				（小写）¥8424.00		
销货单位	名　　称：新都包装有限责任公司 纳税人识别号：915101625871435215 地　址、电话：成都市天神桥街22号 开户行及账号：工行新都支行11695285132			备注			

第二联：抵扣联　购货方抵扣联

收款人：赵明义　复核：阮国庆　开票人：唐鑫　销货单位：（章）

新都包装有限责任公司 915101625871435215 发票专用章

表3-7-$\frac{2}{5}$

四川增值税专用发票　No 30462827

全国统一发票监制章 四川 国家税务总局监制

发票联

开票日期：2015年03月07日

购货单位	名　　称：阳光木业有限责任公司 纳税人识别号：9151065328FK987636 地　址、电话：成都市龙泉工业园1号028-85456742 开户行及账号：中国银行龙泉驿支行522188624816			密码区	#25<<1369〉4#5*10>> #1*321〉452-5#01〈109>>4 /1〈3*28*12#71〉58>8〈/4 *01/3〉78〉1/23#/5*10>		
货物或应税劳务名称	规格型号	单位	数量	单价	金额	税率	税额
包装箱	××	个	600.00	12.00	7200.00	17%	1224.00
合计					¥7200.00	17%	¥1224.00
价税合计（大写）	⊗ 捌仟肆佰贰拾肆元整				（小写）¥8424.00		
销货单位	名　　称：新都包装有限责任公司 纳税人识别号：915101625871435215 地　址、电话：成都市天神桥街22号 开户行及账号：工行新都支行11695285132			备注			

第三联：发票联　购货方记账联

收款人：赵明义　复核：阮国庆　开票人：唐鑫　销货单位：（章）

新都包装有限责任公司 915101625871435215 发票专用章

表 3－7－$\frac{3}{5}$

中国工商银行
转账支票存根
10205122
附加信息
出票日期 2015年3月7日
收款人：新都包装厂 金额：￥8 424.00 用途：付纸箱款
单位主管　　会计 复核　　记账 王振书

表 3－7－$\frac{4}{5}$

中国银行电汇凭证（回单） 1

委托日期 2015 年 3 月 6 日

<table>
<tr><td rowspan="3">汇款人</td><td>全 称</td><td colspan="3">阳光木业有限责任公司</td><td rowspan="3">收款人</td><td>全 称</td><td colspan="3">新都包装有限责任公司</td></tr>
<tr><td>账 号或住址</td><td colspan="3">522188624816</td><td>账 号或住址</td><td colspan="3">11695285132</td></tr>
<tr><td>汇 出地 点</td><td>成都市龙泉驿区</td><td>汇出行全称</td><td>中国银行龙泉驿支行</td><td>汇 入地 点</td><td>成都市新都区</td><td>汇 入行 名</td><td>工行新都支行</td></tr>
<tr><td rowspan="2">金额</td><td rowspan="2">人民币（大写）</td><td colspan="5" rowspan="2">捌仟肆佰贰拾肆元整</td><td colspan="3">千 百 十 万 千 百 十 元 角 分</td></tr>
<tr><td colspan="3">¥ 8 4 2 4 0 0</td></tr>
<tr><td colspan="10">汇款用途：支付货款</td></tr>
<tr><td colspan="6">单位主管　　会计　　复核　　记账</td><td colspan="4">汇出行盖章　2015年03月06日</td></tr>
</table>

中国银行股份有限公司 成都龙泉驿支行 2015.03.06 转讫

此联汇出行给汇款人的回单

表 3－7－$\frac{5}{5}$

收 料 单

材料类别： 原料及主要材料 仓库： 材料仓库

供应单位： 新都包装厂 2015年03月07日

材料名称	规格	计量单位	数量		成本					
					发票金额		摊运杂费	其他	合计	单位成本
			应收	实收	单价	金额				
包装箱		个	600	600	12.00	7 200.00	0.00		7 200.00	12.00
合 计						7 200.00			7 200.00	

第2联：记账联

收料：刘元 记账：李宏一 检验：张红亮

业务8：

表 3－8

收 料 单

材料类别： 原料及主要材料 仓库： 材料仓库

供应单位： 宜宾林业开发公司 2015年03月09日

材料名称	规格	计量单位	数量		实际成本					计划成本		
					发票金额		摊运杂费	其他	合计	单位成本	金额	成本差异
			应收	实收	单价	金额						
原木		立方	400	400	300.00	120 000.00	1 000.00		121 000.00	300.00	120 000.00	1 000.00
合 计						120 000.00			121 000.00			

第2联：记账联

收料：刘元 记账：李宏一 检验：张红亮

业务 9：

表 3－9

委托加工物资发料单

材料类别：原料及主要材料　　　　仓库：材料仓库

供应单位：龙氏木材加工厂　　2015年03月11日　　合同号：HT007007

材料名称	规格	计量单位	数量	发出材料成本	加工为	数量	总成本	交货日期
原木		立方	30	9 000.00	包装箱	40.00		2015年3月15日
备注								

发料：李明明　　记账：刘元　　制单：万二小

业务 10：

表 3－10－$\frac{1}{4}$

四川增值税专用发票　No 30469453

抵扣联

开票日期：2015年03月12日

购货单位	名　称：阳光木业有限责任公司 纳税人识别号：9151065328FK987636 地 址、电话：成都市龙泉工业园1号028-85456742 开户行及账号：中国银行龙泉驿支行522188624816	密码区	#25<<1369〉4#5*10>> #1*321〉452-5#01〈109>>4 /1〈3*28*12#71〉58>8〈/4 *01/3〉78〉1/23#/5*10>

货物或应税劳务名称	规格型号	单位	数量	单价	金额	税率	税额
原木	××	立方	200.00	305.00	61000.00	11%	6710.00
合计					¥61000.00	11%	¥6710.00
价税合计（大写）⊗	陆万柒仟柒佰壹拾元整				（小写）¥67710.00		

销货单位	名　称：北川县林业开发公司 纳税人识别号：91510106215 4A83256 地 址、电话：北川县林业大道31号 开户行及账号：中国银行北川支行 5695298751	备注	

第二联：抵扣联　购货方抵扣联

收款人：岳秀敏　复核：张思　开票人：王小天　销货单位：（章）

北川县林业开发公司 91510106215 4A83256 发票专用章

表 3－10－$\frac{2}{4}$

四川增值税专用发票

No 30469453

四川 发票联

开票日期：2015年03月12日

购货单位	名 称：阳光木业有限责任公司 纳税人识别号：9151065328FK987636 地 址、电话：成都市龙泉工业园1号028-85456742 开户行及账号：中国银行龙泉驿支行522188624816				密码区	#25<<1369〉4#5*10>> #1*321〉452-5#01〈109>>4 /1〈3*28*12#71〉58>8〈/4 *01/3〉78〉1/23#/5*10>		
货物或应税劳务名称	规格型号	单位	数量	单价	金额	税率	税额	
原木	××	立方	200.00	305.00	61000.00	11%	6710.00	
合计					¥61000.00	11%	¥6710.00	
价税合计（大写） ⊗	陆万柒仟柒佰壹拾元整				（小写）¥67710.00			
销货单位	名 称：北川县林业开发公司 纳税人识别号：915101062154A83256 地 址、电话：北川县林业大道31号 开户行及账号：中国银行北川支行 5695298751				备注			

第三联：发票联 购货方记账凭证

收款人：岳秀敏 复核：张恩 开票人：王小天 销货单位：（章）

北川县林业开发公司 915101062154A83256 发票专用章

表 3－10－$\frac{3}{4}$

收 料 单

材料类别：原料及主要材料 仓库：材料仓库

供应单位：北川县林业开发公司

2015年03月12日

材料名称	规格	计量单位	数量		实际成本							计划成本		
			应收	实收	发票金额 单价	发票金额 金额	摊运杂费	其他	合计	单位成本	单位成本	金额	成本差异
原木		立方	200	200	305.00	61 000.00			61 000.00	305.00	300.00	60 000.00	1 000.00
合 计						61 000.00			61 000.00				

第二联：记账联

收料：汪涵 记账： 制单：吴芳

表 3－10－$\frac{4}{4}$

中国银行电汇凭证（回单） 4

委托日期　2015年03月12日

汇款人	全称	阳光木业有限责任公司			收款人	全称	北川县林业开发公司											
	账号或住址	522188624816				账号或住址	51365425893581											
	汇出地点	成都市龙泉驿区	汇出行全称	中国银行龙泉驿支行		汇入地点	四川省绵阳北川县	汇入行名	中国银行北川支行									
金额	人民币（大写）	壹万捌仟玖佰叁拾元整							千	百	十	万	千	百	十	元	角	分
											¥	1	7	7	1	0	0	0
汇款用途：支付货款																		
单位主管　会计　复核　记账						汇出行盖章　2015年03月12日												

此联汇出行给汇款人的回单

中国银行股份有限公司 成都龙泉驿支行 2015.03.12 转讫

业务 11：

表 3－11－$\frac{1}{4}$

四川增值税专用发票　No 30964132

抵扣联

开票日期：2015年03月15日

购货单位	名称：阳光木业有限责任公司 纳税人识别号：9151065328FK987636 地址、电话：成都市龙泉工业园1号028-85456742 开户行及账号：中国银行龙泉驿支行522188624816			密码区	#25<<1369〉4#5*10>> #1*321〉452-5#01〈109>>4 /1〈3*28*12#71〉58>8〈/4 *01/3〉78〉1/23#/5*10>		
货物或应税劳务名称	规格型号	单位	数量	单价	金额	税率	税额
防潮纸	××	张	400.00	2.80	1120.00	17%	190.40
木纹纸	××	张	400.00	13.00	5200.00	17%	884.00
合计					¥6320.00	17%	¥1074.40
价税合计（大写） ⊗	陆万柒仟柒佰壹拾元整				（小写）¥7394.40		
销货单位	名称：成都华强装饰公司 纳税人识别号：915101019081247116 地址、电话：成都市天神桥街8号 开户行及账号：工行锦城支行 11695287413			备注			

收款人：赵泽明　复核：林生平　开票人：林笑秋　销货单位：（章）

成都华强装饰公司 510101908124 7116 发票专用章

第二联：抵扣联　购货方记账凭证

表 3－11－$\frac{2}{4}$

四川增值税专用发票　No 30964132

发票联

开票日期：2015年03月15日

购货单位	名　　称：阳光木业有限责任公司 纳税人识别号：9151065328FK987636 地　址、电话：成都市龙泉工业园1号028-85456742 开户行及账号：中国银行龙泉驿支行522188624816				密码区	#25<<1369〉4#5*10>> #1*321〉452-5#01〈109>>4 /1〈3*28*12#71〉58>8〈/4 *01/3〉78〉1/23#/5*10>		
货物或应税劳务名称	规格型号	单位	数量	单价	金额	税率	税额	
防潮纸	××	张	400.00	2.80	1120.00	17%	190.40	
木纹纸	××	张	400.00	13.00	5200.00	17%	884.00	
合计					¥6320.00	17%	¥1074.40	
价税合计（大写）	⊗ 陆万柒仟柒佰壹拾元整				（小写）¥7394.40			
销货单位	名　　称：成都华强装饰公司 纳税人识别号：91510101908124711 6 地　址、电话：成都市天神桥街8号 开户行及账号：工行锦城支行 11695287413				备注			

收款人：赵泽明　复核：林生平　开票人：林笑秋　销货单位：（章）

成都华强装饰公司　510101908124711 6　发票专用章

第三联：发票联　购货方记账凭证

表 3－11－$\frac{3}{4}$

中国银行电汇凭证（回单）　4

委托日期　2015年03月15日

汇款人	全　称	阳光木业有限责任公司		收款人	全　称	成都华强装饰有限公司	
	账　号或住址	522188624816			账　号或住址	632595325412	
	汇出地点	成都市龙泉驿区	汇出行全称：中国银行龙泉驿支行		汇入地点	四川成都	汇入行名：工行锦江支行
金额	人民币（大写）	柒仟叁佰玖拾肆圆肆角整				千百十万千百十元角分	¥ 7 3 9 4 4 0
汇款用途：支付货款							
单位主管　会计　复核　记账					汇出行盖章　2015年03月15日		

中国银行股份有限公司　龙泉驿支行　2015.03.15　转讫

此联汇出行给汇款人的回单

表 3－11－$\frac{4}{4}$

收　料　单

材料类别：　原料及主要材料　　　　　　　　　　仓库：　　材料仓库

供应单位：　成都华强装饰公司　　　　　　　　2015年03月15日

材料名称	规格	计量单位	数量		实际成本						计划成本		
					发票金额		摊运杂费	其他	合计	单位成本	单位成本	金额	成本差异
			应收	实收	单价	金额							
防潮纸		张	400	400	2.80	1 120.00			1 120.00	2.80	3.00	1 200.00	-80.00
木纹纸		张	400	400	13.00	5 200.00			5 200.00	13.00	12.00	4 800.00	400.00
合　计						6 320.00			6 320.00				

第二联：记账联

收料：汪涵　　　　记账：　　　　　　　　制单：吴芳

业务 12：

表 3－12

领料单

领料单号：112114　　　　　　　　　　领料日期：2015-03-16

领料类别：生产领料　　　　　　　　　领料车间：基本生产车间

工作令号	材料编号	材料名称	规格	计量单位	数量		计划成本	
					请领	实发	单位成本	金额
04QHB-1		包装箱		个	200.00	200.00		
备注			生产强化木地板使用					

第二联：记账联

审核人：陈丽　　发料员：陈丽　　记账人：张印　　部门负责人：　　　　领料人：王强

业务13：

表 3－13－$\frac{1}{4}$

四川增值税专用发票 No 30763286

抵扣联

开票日期：2015年03月15日

购货单位	名　　称：阳光木业有限责任公司 纳税人识别号：9151065328FK987636 地 址、电话：成都市龙泉工业园1号028-85456742 开户行及账号：中国银行龙泉驿支行522188624816			密码区	#25<<1369〉4#5*10>> #1*321〉452-5#01〈109>>4 /1〈3*28*12#71〉58>8〈/4 *01/3〉78〉1/23#/5*10>		
货物或应税劳务名称	规格型号	单位	数量	单价	金额	税率	税额
加工费	××	×	1.00	1000.00	1000.00	17%	170.00
合计					¥1000.00	17%	¥170.00
价税合计（大写） ⊗	壹仟壹佰柒拾元整				（小写）¥1170.00		
销货单位	名　　称：成都龙氏木材加工厂 纳税人识别号：91510106218Q239405 地 址、电话：成都市龙泉驿区大成路8号 开户行及账号：工行龙泉支行 6237768389078932			备注			

收款人：范玥　复核：范欣　开票人：肖晓天　销货单位：（章）

成都龙氏木材加工厂 91510106218Q239405 发票专用章

第二联：抵扣联 购货方抵扣联

表 3－13－$\frac{2}{4}$

四川增值税专用发票 No 30763286

发票联

开票日期：2015年03月15日

购货单位	名　　称：阳光木业有限责任公司 纳税人识别号：9151065328FK987636 地 址、电话：成都市龙泉工业园1号028-85456742 开户行及账号：中国银行龙泉驿支行522188624816			密码区	#25<<1369〉4#5*10>> #1*321〉452-5#01〈109>>4 /1〈3*28*12#71〉58>8〈/4 *01/3〉78〉1/23#/5*10>		
货物或应税劳务名称	规格型号	单位	数量	单价	金额	税率	税额
加工费	××	×	1.00	1000.00	1000.00	17%	170.00
合计					¥1000.00	17%	¥170.00
价税合计（大写） ⊗	壹仟壹佰柒拾元整				（小写）¥1170.00		
销货单位	名　　称：成都龙氏木材加工厂 纳税人识别号：91510106218Q239405 地 址、电话：成都市龙泉驿区大成路8号 开户行及账号：工行龙泉支行 6237768389078932			备注			

收款人：范玥　复核：范欣　开票人：肖晓天　销货单位：（章）

成都龙氏木材加工厂 91510106218Q239405 发票专用章

第二联：发票联 购货方记账凭证

表 3－13－$\frac{3}{4}$

中国银行
转账支票存根
84327658

附加信息

出票日期 2015年03月07日

收款人：成都龙氏木材加工厂
金额：￥1 170.00
用途：加工费

单位主管　　会计
复核　　记账 李启明

表 3－13－$\frac{4}{4}$

委托加工物资收料单

材料类别：　周转材料
供应单位：　成都龙氏木材加工厂　　2015年03月16日　　仓库：材料仓库

材料名称	规格	计量单位	数量		实际成本					
			应收	实收	发出材料成本	加工费	运杂费	材料费	合计	单位成本
木箱		个	40	40	9 000.00	1 000.00			10 000.00	250.00
备注										

第二联：记账联

发料：马琪琪　　记账：秦资伟　　制单：黎明

业务 14：

表 3－14

领料单

领料单号：112183　　领料日期：2015-03-16
领料类别：生产领料　　领料车间：基本生产车间

工作令号	材料编号	材料名称	规格	计量单位	数量		计划成本	
					请领	实发	单位成本	金额
04QHB-1		包装箱		个	200.00	200.00		
备注			生产强化木地板用					

第二联：记账联

审核人：陈丽　　发料员：陈丽　　记账人：张印　　部门负责人：　　领料人：王强

业务 15：

表 3－15－$\frac{1}{3}$

领料单

领料单号：112183　　　　领料日期：2015-03-20

领料类别：生产领料　　　　领料车间：基本生产车间

工作令号	材料编号	材料名称	规格	计量单位	数量		计划成本	
					请领	实发	单位成本	金额
		原木		立方	500.00	500.00		
备注			生产产品共同耗用					

第二联：记账联

审核人：陈丽　发料员：陈丽　记账人：张印　部门负责人：　领料人：王强

表 3－15－$\frac{2}{3}$

领料单

领料单号：112184　　　　领料日期：2015-03-20

领料类别：生产领料　　　　领料车间：基本生产车间

工作令号	材料编号	材料名称	规格	计量单位	数量		计划成本	
					请领	实发	单位成本	金额
		石蜡		千克	1 400.00	1 400.00		
		地板胶		千克	2 700.00	2 700.00		
备注			生产产品共同耗用					

第二联：记账联

审核人：陈丽　发料员：陈丽　记账人：张印　部门负责人：　领料人：王强

表 3－15－$\frac{3}{3}$

领料单

领料单号：112185　　　　领料日期：2015-03-20

领料类别：生产领料　　　　领料车间：基本生产车间

工作令号	材料编号	材料名称	规格	计量单位	数量		计划成本	
					请领	实发	单位成本	金额
		木纹纸		张	600.00	600.00		
		防潮纸		张	600.00	600.00		
		耐磨纸		张	600.00	600.00		
备注			生产强化木地板用					

第二联：记账联

审核人：陈丽　发料员：陈丽　记账人：张印　部门负责人：　领料人：王强

业务 16：

表 3 - 16 - $\frac{1}{2}$

领料单

领料单号：112185　　　　　　　　　　　　领料日期：2015-03-22

领料类别：生产领料　　　　　　　　　　　　领料车间：基本生产车间

工作令号	材料编号	材料名称	规格	计量单位	数量		计划成本	
					请领	实发	单位成本	金额
04QHB-1		包装箱		个	540.00	540.00		
备注			生产强化木地板用					

第二联：记账联

审核人：陈丽　发料员：陈丽　记账人：张印　部门负责人：　领料人：王强

表 3 - 16 - $\frac{2}{2}$

领料单

领料单号：112185　　　　　　　　　　　　领料日期：2015-03-22

领料类别：生产领料　　　　　　　　　　　　领料车间：基本生产车间

工作令号	材料编号	材料名称	规格	计量单位	数量		计划成本	
					请领	实发	单位成本	金额
		工作服		套	293.00	293.00		
备注								

第二联：记账联

审核人：陈丽　发料员：陈丽　记账人：张印　部门负责人：　领料人：王强

业务 17：

表 3 - 17

产成品出库通知单

2015年03月22日

工作令号	编号	名称	规格	单位	应发数量	实发数量	单位成本	实际成本								附注
								十	万	千	百	十	元	角	分	
		强化木地板			1 600											
		中密度纤维板			980											
合计																

第二联：记账联

会计：　　　　　　　　保管：　　　　　　　　制单：

业务18：

表3－18

收 料 单

材料类别：原料及主要材料　　　　　　　　仓库：材料仓库（暂估入账）

供应单位：重庆嘉陵化工厂　　　　　　　　2015年03月31日

材料名称	规格	计量单位	数量		实际成本						计划成本		
					发票金额		摊运杂费	其他	合计	单位成本	单位成本	金额	成本差异
			应收	实收	单价	金额							
石蜡		千克	900	900							5.00	4500.00	
合　计						0.00			0.00				

第二联：记账联

收料：汪涵　　　　记账：　　　　制单：吴芳

业务19：

表3－19

发料凭证汇总表

2015年03月31日　　　　　　　　附件：

材料 \ 成本			生产成本			制造费用	管理费用	合计
			强化木地板	中密度纤维板	合计			
原料及主要材料	原木	计划成本						
		差异率						
		差异						
		实际成本						
	地板胶	计划成本						
		差异率						
		差异						
		实际成本						
	木纹纸	计划成本						
		差异率						
		差异						
		实际成本						
	防潮纸	计划成本						
		差异率						
		差异						
		实际成本						
	耐磨纸	计划成本						
		差异率						
		差异						
		实际成本						
	石蜡	计划成本						
		差异率						
		差异						
		实际成本						
	油漆	计划成本						
		差异率						
		差异						
		实际成本						
包装物								
低值易耗品								
其他								
合计								

业务20：

表3－20－$\frac{1}{2}$

产成品入库单

交库单位：生产车间　　2015年03月31日　　仓库：成品库

工作令号	产品名称	规格	计量单位	交库数量	备注
	强化木地板		平方米	2 900	
	中密度纤维板		平方米	2 000	

第二联：记账联

车间负责人：　　仓库管理员：　　制单：

表3－20－$\frac{2}{2}$

完工产品成本计算表

2015年03月31日

单位：元

项目	直接材料			直接人工			制造费用			数量	单位成本	总成本
	月初在产品	本月发生	期末在产品	月初在产品	本月发生	期末在产品	月初在产品	本月发生	期末在产品			
强化木地板												
中密度纤维板												
合计												

业务21：

表3－21

产品销售成本计算表

2015年03月31日　　单位：元/平方米

项目	期初结存成本	本期入库成本	期末结存数量	销售数量	销售成本
强化木地板					
中密度纤维板					
合计					

业务22：

表3－22

材料盘点报告表

单位：阳光木业股份有限公司 2015年03月31日

名称	计量单位	单价	实存		账存		盘盈		盘亏		原因	处理意见
			数量	金额	数量	金额	数量	金额	数量	金额		
原木	立方米		290		300				10		保管不善	库管员赔偿
合计												

盘点人：习友鹏 会计：张印

业务23：

表3－23

存货跌价准备计提表

2015年03月31日

名称	成本	估计售价	估计销售税费	估计加工成本	可变现净值	存货跌价准备
强化木地板		294 500	6 000			
合计						

4 项目实训4
固定资产核算

一、实训目标

训练学生认知固定资产原始凭证的能力，独立完成编制折旧计算表的能力，填制记账凭证的能力，审核凭证的能力，登记账簿的能力。

二、实训资料

（一）会计主体基本资料

阳光木业有限责任公司，职工120人，其中行政管理部门人员30人；产品生产人员60人，其中一车间30人，二车间30人；车间管理人员10人，其中一车间5人，二车间5人；销售人员20人。法人代表：梁平；总经理：杨斌；财务经理：李芳；会计：王振、刘元；出纳：张蓉。公司地址：成都市龙泉驿工业园1号；电话：028－85456742；开户银行：中国银行龙泉驿支行，账号：522188624816；纳税主管机关：成都市龙泉驿区国税一分局，纳税识别号：9151065328FK987636。公司将固定资产分为生产经营用和非生产经营用两类固定资产，再按房屋建筑物、机器设备、运输工具、电子设备进行三级明细核算。各项固定资产采用的折旧方法、预计使用寿命（行驶里程）、至2015年11月30已使用年限（行驶里程）、净残值率如下表所示。

类　　别	折旧方法	使用寿命	已使用年限（行驶里程）	净残值率
房屋建筑物（生产用）	年限平均法	30年	10年	7%
房屋建筑物（非生产用）	年限平均法	50年	10年	5%
机器设备	双倍余额递减法	10年	2年	5%
运输工具	工作量法	4 000 000公里	1 300 000公里	2%
电子设备	年数总和法	5年	2年	4%

在建工程为生产车间用厂房，采用出包方式由大业建筑公司承建。

（二）2015年11月30日有关明细资料如下：

总分类账	明细分类账		期末余额
	二级明细账	三级明细账	
固定资产	生产经营用固定资产	房屋建筑物	8 000 000.00
		机器设备	4 000 000.00
		运输工具	1 500 000.00
		电子设备	500 000.00
	非生产经营用固定资产	房屋建筑物	6 000 000.00
累计折旧	房屋建筑物（生产用）		2 480 000.00
	机器设备		1 440 000.00
	运输工具		477 750.00
	电子设备		288 000.00
	房屋建筑物（非生产用）		1 140 000.00
在建工程	厂房		1 200 000.00

业务1：

表 $4-1-\frac{1}{5}$

商品购销合同

合同号：2015-559
购货单位：（以下简称甲方）阳光木业有限责任公司
供货单位：（以下简称乙方）成都市平安电梯厂
本着平等互利的原则，经双方协商，共同订立如下合同：
一、双方必须有合法的营业执照，乙方所供商品必须有合法商标，根据不同商品分别提供生产、经营许可证、注册商标证、产品合格证、进口商品检验证等。
二、甲方向乙方订购以下商品：

商品名称	规格型号	计量单位	数量	单价	金额
观光电梯	DT—11F	台	1	300 000.00	300 000.00

二、到货时间：乙方2日内发货，运费由甲方承担。
四、货款结算
委托收款。货款不含安装费。
五、合同一式贰份，双方盖章后生效，如违约需赔偿对方损失，按价款2[illegible]赔偿，不可抗力除外
本合同在履行过程中，若发生纠纷或异议，双方协调解决。

购货单位（甲方）：阳光木业有限责任公司
法定代表人：梁平
地　址：成都市龙泉驿区工业园
电　话：028—66668888
开 户 行：中行龙泉驿支行522188624816
签约日期：2015年12月03日

供货单位：（乙方）：成都市平安电梯厂
法定代表人：邵涵
地　址：成都市天凯区江南路234号
电　话：028-85678917
开 户 行：中行江南路支行422111234245
签约日期：2015年12月03日

表 4－1－$\frac{2}{5}$

四川增值税专用发票　　No 30469874

四川　国家税务总局监制

抵扣联

开票日期：2015年12月03日

购货单位	名　　称：阳光木业有限责任公司 纳税人识别号：9151065328FK987636 地 址、电话：成都市龙泉工业园1号028-66668888 开户行及账号：中国银行龙泉驿支行522188624816			密码区	#25<<1369〉4#5*10>> #1*321〉452-5#01〈109>>4 /1〈3*28*12#71〉58>8〈/4 *01/3〉78〉1/23#/5*10>		
货物或应税劳务名称	规格型号	单位	数量	单价	金额	税率	税额
观光电梯	DT—11F	台	1.00	300000.00	300000.00	17%	51000.00
合计					¥300000.00	17%	¥51000.00
价税合计（大写） ⊗	叁拾伍万壹仟元整				（小写）¥351000.00		
销货单位	名　　称：成都市平安电梯厂 纳税人识别号：915101019MA9596321 地 址、电话：成都市天凯区江南路234号 028-86321234 开户行及账号：中国银行江南路支行452222698532			备注	成都市平安电梯厂 915101019MA9596321 发票专用章		

收款人：刘涛　　复核：梁左　　开票人：刘涛　　销货单位（章）

第二联：抵扣联　购货方抵扣联

表 4－1－$\frac{3}{5}$

四川增值税专用发票　　No 30469874

四川　国家税务总局监制

发票联

开票日期：2015年12月03日

购货单位	名　　称：阳光木业有限责任公司 纳税人识别号：9151065328FK987636 地 址、电话：成都市龙泉工业园1号028-66668888 开户行及账号：中国银行龙泉驿支行522188624816			密码区	#25<<1369〉4#5*10>> #1*321〉452-5#01〈109>>4 /1〈3*28*12#71〉58>8〈/4 *01/3〉78〉1/23#/5*10>		
货物或应税劳务名称	规格型号	单位	数量	单价	金额	税率	税额
观光电梯	DT—11F	台	1.00	300000.00	300000.00	17%	51000.00
合计					¥300000.00	17%	¥51000.00
价税合计（大写） ⊗	叁拾伍万壹仟元整				（小写）¥351000.00		
销货单位	名　　称：成都市平安电梯厂 纳税人识别号：915101019MA9596321 地 址、电话：成都市天凯区江南路234号 028-86321234 开户行及账号：中国银行江南路支行452222698532			备注	成都市平安电梯厂 915101019MA9596321 发票专用章		

收款人：刘涛　　复核：梁左　　开票人：刘涛　　销货单位（章）

第二联：发票联　购货方记账联

表 4－1－$\frac{4}{5}$

中国银行
转账支票存根
00698715
附加信息

出票日期 2015年12月03日

收款人：成都市平安电梯厂
金额：￥351 000.00
用途：

单位主管 梁平 会计 刘元
复核 记账

表 4－1－$\frac{5}{5}$

固定资产移交安装报告单

2015年12月03日

名称	规格型号	单位	数量	设备价款	预计使用年限	移交单位
观光电梯	DT—11F	台	1	30 000.00	10年	成都市平安电梯厂
合计				30 000.00		

主管：高伟 会计：王振 制单：王振

业务2：

表 4－2－$\frac{1}{4}$

四川增值税专用发票 No 69851236

抵扣联

开票日期：2015年12月11日

购货单位	名 称：阳光木业有限责任公司 纳税人识别号：9151065328FK987636 地 址、电话：成都市龙泉工业园1号028-66668888 开户行及账号：中国银行龙泉驿支行522188624816			密码区	#25<<1369〉4#5*10>> #1*321〉452-5#01〈109>>4 /1〈3*28*12#71〉58>8〈/4 *01/3〉78〉1/23#/5*10>		
货物或应税劳务名称	规格型号	单位	数量	单价	金额	税率	税额
IBM笔记本电脑	××	台	4.00	11000.00	44000.00	17%	7480.00
合计					¥44000.00	17%	¥7480.00
价税合计（大写） ⊗	伍万壹仟肆佰捌拾元整				（小写）¥51480.00		
销货单位	名 称：成都新世纪电脑城 纳税人识别号：9151069632158WR621 地 址、电话：成都市武侯区磨子桥22号028-62351456 开户行及账号：中国银行武侯支行 12321652159			备注	成都新世纪电脑城 9151069632158WR621 发票专用章		

收款人：刘伟毅 复核：张菲 开票人：毛婷 销货单位（章）

第二联：抵扣联 购货方抵扣联

表 4－2－$\frac{2}{4}$

四川增值税专用发票　　No 69851236

（印章：四川 国家税务总局监制 发票联）

开票日期：2015年12月11日

<table>
<tr><td>购货单位</td><td colspan="5">名　　称：阳光木业有限责任公司
纳税人识别号：9151065328FK987636
地 址、电话：成都市龙泉工业园1号028-66668888
开户行及账号：中国银行龙泉驿支行522188624816</td><td>密码区</td><td colspan="3">#25<<1369〉4#5*10>>
#1*321〉452-5#01〈109>>4
/1〈3*28*12#71〉58>8〈/4
*01/3〉78〉1/23#/5*10></td></tr>
<tr><td colspan="2">货物或应税劳务名称</td><td>规格型号</td><td>单位</td><td>数量</td><td>单价</td><td colspan="2">金额</td><td>税率</td><td>税额</td></tr>
<tr><td colspan="2">IBM笔记本电脑</td><td>××</td><td>台</td><td>4.00</td><td>11000.00</td><td colspan="2">44000.00</td><td>17%</td><td>7480.00</td></tr>
<tr><td colspan="2">合计</td><td></td><td></td><td></td><td></td><td colspan="2">¥44000.00</td><td>17%</td><td>¥7480.00</td></tr>
<tr><td colspan="2">价税合计（大写）⊗</td><td colspan="4">伍万壹仟肆佰捌拾元整</td><td colspan="4">（小写）¥51480.00</td></tr>
<tr><td>销货单位</td><td colspan="5">名　　称：成都新世纪电脑城
纳税人识别号：9151069632158WR621
地 址、电话：成都市武侯区磨子桥22号028-62351456
开户行及账号：中国银行武侯支行 12321652159</td><td>备注</td><td colspan="3">（印章：成都新世纪电脑城 9151069632158WR621 发票专用章）</td></tr>
</table>

收款人：刘伟毅　　复核：张菲　　开票人：毛婷　　销货单位：（章）

第三联：发票联　购货方记账凭证

表 4－2－$\frac{3}{4}$

中国银行

转账支票存根

00698712

附加信息

出票日期 2015年12月11日

收款人：成都新世纪电脑城

金额：￥51 480.00

用途：

单位主管 梁平　　会计 张荣

复核　　记账

表 4－2－$\frac{4}{4}$

固定资产移交安装报告单

2015年12月11日

名称	规格型号	单位	数量	设备价款	领用人
IBM 笔记本电脑	1233-45	台	1	11 000.00	付一横
IBM 笔记本电脑	1233-45	台	1	11 000.00	田生旗
IBM 笔记本电脑	1233-45	台	1	11 000.00	刘琳
IBM 笔记本电脑	1233-45	台	1	11 000.00	王梅东
合计			4	44 000.00	

使用部门主管：高伟　　会计：王振　　制单：王振

业务3：

表 4－3－$\frac{1}{7}$

商品购销合同

合同号：2015-456
购货单位：（以下简称甲方）阳光木业有限责任公司
供货单位：（以下简称乙方）武汉市电机公司
本着平等互利的原则，经双方协商，共同订立如下合同：
一、双方必须有合法的营业执照，乙方所供商品必须有合法商标，根据不同商品分别提供生产、经营许可证、注册商标证、产品合格证、进口商品检验证等。
二、甲方向乙方订购以下商品：

商品名称	规格型号	计量单位	数量	单价	金额
发电机组	FD—20000KW	台	1	100 000.00	100 000.00

三、到货时间：乙方2日内发货，运费由甲方承担。
四、货款结算
委托收款。货款不含安装费
五、合同一式贰份，双方盖章后生效，如违约需赔偿对方损失，按价款25%赔偿，不可抗力除外
本合同在履行过程中，若发生纠纷或异议，双方协调解决。

购货单位（甲方）：阳光木业有限责任公司
法定代表人：梁平
地　址：成都市龙泉驿区工[illegible]
电　话：028—66668888
开 户 行：中行龙泉驿支行522188624816
签约日期：2015年12月11日

供货单位：（乙方）：武汉市电机公司
法定代表人：何明
地　址：武汉市建设北路159号
电　话：027-6548321
开 户 行：中行建设路支行201260092147
签约日期：2015年12月11日

表 4－3－$\frac{2}{7}$

湖北增值税专用发票　　No 36985217

抵扣联

开票日期：2015年12月15日

购货单位	名　　称：阳光木业有限责任公司 纳税人识别号：9151065328FK987636 地 址、电话：成都市龙泉工业园1号028-66668888 开户行及账号：中国银行龙泉驿支行522188624816			密码区	#25<<1369〉4#5*10>> #1*321〉452-5#01〈109>>4 /1〈3*28*12#71〉58>8〈/4 *01/3〉78〉1/23#/5*10>		
货物或应税劳务名称	规格型号	单位	数量	单价	金额	税率	税额
发电机组	FD-20000KW	台	1.00	100000.00	100000.00	17%	17000.00
合计					¥100000.00	17%	¥17000.00
价税合计（大写）⊗	壹拾壹万柒仟元整				（小写）¥117000.00		
销货单位	名　　称：武汉市电机公司 纳税人识别号：611023496321587532 地 址、电话：武汉市建设路159号027-8720137 开户行及账号：中行建设路支行201360092147			备注	武汉市电机公司 611023496321587532 发票专用章		

收款人：徐凤　　复核：乔宁　　开票人：徐凤　　销货单位：（章）

第二联：抵扣联　购货方抵扣联

表 4－3－$\frac{3}{7}$

湖北增值税专用发票　　No 36985217

发票联

开票日期：2015年12月15日

购货单位	名　　称：阳光木业有限责任公司 纳税人识别号：9151065328FK987636 地 址、电话：成都市龙泉工业园1号028-66668888 开户行及账号：中国银行龙泉驿支行522188624816			密码区	#25<<1369〉4#5*10>> #1*321〉452-5#01〈109>>4 /1〈3*28*12#71〉58>8〈/4 *01/3〉78〉1/23#/5*10>		
货物或应税劳务名称	规格型号	单位	数量	单价	金额	税率	税额
发电机组	FD-20000KW	台	1.00	100000.00	100000.00	17%	17000.00
合计					¥100000.00	17%	¥17000.00
价税合计（大写）⊗	壹拾壹万柒仟元整				（小写）¥117000.00		
销货单位	名　　称：武汉市电机公司 纳税人识别号：611023496321587532 地 址、电话：武汉市建设路159号027-8720137 开户行及账号：中行建设路支行201360092147			备注	武汉市电机公司 611023496321587532 发票专用章		

收款人：徐凤　　复核：乔宁　　开票人：徐凤　　销货单位：（章）

第三联：发票联　购货方记账联

表 4 − 3 − $\frac{4}{7}$

湖北增值税专用发票 No 36985216

抵扣联

开票日期：2015年12月15日

购货单位	名　　称：阳光木业有限责任公司 纳税人识别号：9151065328FK987636 地 址、电话：成都市龙泉工业园1号028-66668888 开户行及账号：中国银行龙泉驿支行522188624816				密码区	#25<<1369〉4#5*10>> #1*321〉452-5#01〈109>>4 /1〈3*28*12#71〉58>8〈/4 *01/3〉78〉1/23#/5*10>		
货物或应税劳务名称	规格型号	单位	数量	单价	金额	税率	税额	
运输费	××	×	1.00	300.00	300.00	11%	33.00	
合计					¥300.00	11%	¥33.00	
价税合计（大写） ⊗	叁佰叁拾叁元整				（小写）¥333.00			
销货单位	名　　称：宜江运输有限公司 纳税人识别号：611026932185395216 地 址、电话：武汉市庆丰路69号027-8763217 开户行及账号：中行庆丰路支行2015963217				备注			

收款人：徐凤　复核：乔宁　开票人：徐凤　销货单位（章）

第二联：抵扣联　购货方抵扣联

表 4 − 3 − $\frac{5}{7}$

湖北增值税专用发票 No 36985216

发票联

开票日期：2015年12月15日

购货单位	名　　称：阳光木业有限责任公司 纳税人识别号：9151065328FK987636 地 址、电话：成都市龙泉工业园1号028-66668888 开户行及账号：中国银行龙泉驿支行522188624816				密码区	#25<<1369〉4#5*10>> #1*321〉452-5#01〈109>>4 /1〈3*28*12#71〉58>8〈/4 *01/3〉78〉1/23#/5*10>		
货物或应税劳务名称	规格型号	单位	数量	单价	金额	税率	税额	
运输费	××	×	1.00	300.00	300.00	11%	33.00	
合计					¥300.00	11%	¥33.00	
价税合计（大写） ⊗	叁佰叁拾叁元整				（小写）¥333.00			
销货单位	名　　称：宜江运输有限公司 纳税人识别号：611026932185395216 地 址、电话：武汉市庆丰路69号027-8763217 开户行及账号：中行庆丰路支行2015963217				备注			

收款人：徐凤　复核：乔宁　开票人：徐凤　销货单位（章）

第三联：发票联　购货方记账联

表4-3-$\frac{6}{7}$

托收凭证（付款通知） 5

付款期限 年 月 日

委托日期2015年12月15日

付款人	全称	阳光木业有限责任公司	收款人	全称	武汉市电机公司
	账号或地址	522188624816		账号	201360092147
	开户银行	中国银行龙泉驿支行		开户银行	中行建设路支行
委收金额	人民币（大写）	壹拾壹万柒仟叁佰叁拾叁元整	千百十万千百十元角分		¥11733300
款项内容	销货款	委托收款凭证名称	委托收款	附寄单证	4张
备注： 付款人开户银行收到日期 2015年12月18日 复核 记账		上述款项已划回收入你方账户内 收款人开户银行签章 2015年12月18日		付款单位注意： 1.根据结算办法，上列委托收款（托收承付），如在付款期内未拒付，即视同全部同意付款，以此联代付款通知。 2.如果全部或部分拒付，应在付款期限内将拒付理由书并附债务证明退交开户银行。	

中国银行股份有限公司 龙泉驿支行 2015.12.15 转讫

此联付款人开户银行凭以汇款或收款人开户银行作为收账通知

表4-3-$\frac{7}{7}$

固定资产移交安装报告单

2015年12月18日

名称	规格型号	单位	数量	设备价款	预计使用年限	移交单位
发电机组	FD—20000KW	台	1	100 300.00	10年	利民安装公司
合计				100 300.00		

主管：高伟 会计：王振 制单：王振

业务 4：

表 4－4－$\frac{1}{5}$

安装合同

发包方（甲方）：阳光木业有限公司
承包方（乙方）：利民机电安装公司
依照《中华人民共和国合同法》和新蓝市的有关规定，经双方协商一致，签订本合同，并严肃履行。
第一条 工程项目
一、工程名称：发电设备安装
二、工程地点：阳光木业有限公司
三、工程编号：4567891DC
四、工程范围和内容：发电设备安装调试
五、工程造价：安装费调试费21 560元。
第二条 工程期限
一、开竣工日期：依照国家颁布的工期定额，经双方商定，本合同工程开竣工日期如下：
全部工程自2015年12月18日开工，到2015年12月20日竣工。
二、施工前各项准备工作，双方应根据工程协议书中第三条规定，分别负责按时按完成。
第三条 物资供应
统配、部管材料，由乙方负责办理申请、订货、调剂合用，特殊材料及统配、部管的机电产品，由甲方负责采购供应至乙方指定地点，其他材料均由乙方负责采购供应。
第四条 违约责任和仲裁
一、由于乙方责任未按本合同规定的日期竣工，（以竣工验收合格日起计算）每逾期一天，应偿付给甲方按预算造价万分之一的逾期违约金；属于包工不包料的，每逾期一天，应偿付给甲方按预算人工费千分之二的逾期违约金。
二、甲乙双方不得借故拖欠各种应付款项，如拖期不付按银行的短期贷款利率偿付给对方逾期付款违约金。
第五条 合同份数及有效期
一、本合同一式贰份，甲乙双方各执正本一份，并分别报送双方业务主管部门副本一份。
二、本合同自双方签订之日起生效，在全部工程竣工验收并结清尾款后失效。

购货单位（甲方）：阳光木业有限责任公司
法定代表人：邵涵
地 址：成都市龙泉驿区工业园1号
电 话：028-66668888
开 户 行：中行龙泉驿支行522188624816
签约日期：2015年12月17日

供货单位：（乙方）：利民机电安装公司
法定代表人：齐平
地 址：成都市新蓝区河滨路13号
电 话：028-87984621
开 户 行：中行新蓝支行422111269852
签约日期：2015年12月17日

表 4－4－$\frac{2}{5}$

四川增值税专用发票　　No 30469632

抵扣联

开票日期：2015年12月13日

购货单位	名　　称：阳光木业有限责任公司 纳税人识别号：9151065328FK987636 地 址、电话：成都市龙泉工业园1号028-66668888 开户行及账号：中国银行龙泉驿支行522188624816			密码区	#25<<1369〉4#5*10>> #1*321〉452-5#01〈109>>4 /1〈3*28*12#71〉58>8〈/4 *01/3〉78〉1/23#/5*10>		
货物或应税劳务名称	规格型号	单位	数量	单价	金额	税率	税额
安装费	××	×	1.00	21560.00	21560.00	11%	2371.60
合计					¥21560.00	11%	¥2371.60
价税合计（大写）	⊗ 贰万叁仟玖佰叁拾壹元陆角整				（小写）¥23931.60		
销货单位	名　　称：利民机电安装公司 纳税人识别号：915106321963258753 地 址、电话：成都市新蓝区果香街288号 开户行及账号：中行新蓝支行422111269852			备注			

收款人：顾海　　复核：柳海峰　　开票人：张开　　销货单位（章）

第二联：抵扣联　购货方抵扣联

表 4-4-$\frac{3}{5}$

四川增值税专用发票

No 30469632

发票联

开票日期：2015年12月13日

购货单位	名 称：阳光木业有限责任公司 纳税人识别号：9151065328FK987636 地 址、电话：成都市龙泉工业园1号028-66668888 开户行及账号：中国银行龙泉驿支行522188624816			密码区	#25<<1369〉4#5*10>> #1*321〉452-5#01〈109>>4 /1〈3*28*12#71〉58>8〈/4 *01/3〉78〉1/23#/5*10>		
货物或应税劳务名称	规格型号	单位	数量	单价	金额	税率	税额
安装费	××	×	1.00	21560.00	21560.00	11%	2371.60
合计					¥21560.00	11%	¥2371.60
价税合计（大写）	⊗ 贰万叁仟玖佰叁拾壹元陆角整				（小写）¥23931.60		
销货单位	名 称：利民机电安装公司 纳税人识别号：91510632196325875３ 地 址、电话：成都市新蓝区果香街288号 开户行及账号：中行新蓝支行422111269852			备注			

收款人：顾海　复核：柳海峰　开票人：张开　销货单位（章）

利民机电安装公司 91510632196325875３ 发票专用章

第三联：发票联 购货方记账联

表 4-4-$\frac{4}{5}$

中国银行 转账支票存根 **00698714**
附加信息
出票日期 2015年12月20日
收款人：利民机电安装公司 金额：￥23 931.60 用途：设备安装调试费
单位主管 梁平 会计 刘元 复核 记账

表 4－4－$\frac{5}{5}$

固定资产移交使用报告单

2015年12月20日

名称	规格型号	单位	数量	设备价款	预计使用年限	移交单位
发电机组	FD—20000KW	台	1	121 860.00	10年	一车间
合计				121 860.00		

主管：高伟　　会计：王振　　制单：王振

业务5：

表 4－5－$\frac{1}{3}$

四川增值税专用发票

No 30467852

四川 国家税务总局监制 抵扣联

开票日期：2015年12月20日

购货单位	名　　称：阳光木业有限责任公司 纳税人识别号：9151065328FK987636 地 址、电话：成都市龙泉工业园1号028-66668888 开户行及账号：中国银行龙泉驿支行522188624816	密码区	#25<<1369〉4#5*10>> #1*321〉452-5#01〈109>>4 /1〈3*28*12#71〉58>8〈/4 *01/3〉78〉1/23#/5*10>

货物或应税劳务名称	规格型号	单位	数量	单价	金额	税率	税额
工程款	××	×	1.00	400000.00	400000.00	11%	44000.00
合计					¥400000.00	11%	¥44000.00
价税合计（大写） ⊗	肆拾肆万肆仟元整				（小写）¥444000.00		

销货单位	名　　称：大业建筑有限责任公司 纳税人识别号：915106321963996521 地 址、电话：成都市锦江区枫树街18号 开户行及账号：中行锦江支行422166329632	备注	大业建筑有限责任公司 915106321963996521 发票专用章

收款人：顾海　　复核：柳海峰　　开票人：张开　　销货单位（章）

第二联：抵扣联　购货方抵扣联

表 4－5－$\frac{2}{3}$

四川增值税专用发票　　**No 30467852**

发票联

开票日期：2015年12月20日

购货单位	名　　称：阳光木业有限责任公司 纳税人识别号：9151065328FK987636 地　址、电话：成都市龙泉工业园1号028-66668888 开户行及账号：中国银行龙泉驿支行522188624816			密码区	#25<<1369〉4#5*10>> #1*321〉452-5#01〈109>>4 /1〈3*28*12#71〉58>8〈/4 *01/3〉78〉1/23#/5*10>		
货物或应税劳务名称	规格型号	单位	数量	单价	金额	税率	税额
工程款	××	×	1.00	400000.00	400000.00	11%	44000.00
合计					¥400000.00	11%	¥44000.00
价税合计（大写）⊗	肆拾肆万肆仟元整				（小写）¥444000.00		
销货单位	名　　称：大业建筑有限责任公司 纳税人识别号：915106321963996521 地　址、电话：成都市锦江区枫树街18号 开户行及账号：中行锦江支行422166329632			备注			

收款人：顾海　　复核：柳海峰　　开票人：张开　　销货单位：（章）

第三联：发票联　购货方记账联

表 4－5－$\frac{3}{3}$

中国银行

转账支票存根

00698718

附加信息

出票日期　2015年12月20日

收款人：大业建筑有限公司

金额：￥444 000.00

用途：

单位主管　梁平　　会计　王振

复核　　记账

业务 6：

表 4－6－$\frac{1}{2}$

固定资产移交使用报告单

2015年12月22日

名称	规格型号	单位	数量	设备价款	预计使用年限	移交单位
厂房	××	栋	1	1 600 000.00	30年	二车间
合计				1 600 000.00		

主管：高伟　　会计：王振　　制单：王振

表 4－6－$\frac{2}{2}$

工程计算单

工程名称：阳光木业有限公司厂房建筑工程

NO. 357号　　单位：元

序号	结算项目	合同价	实际结算	增减原因说明
1	人工	700 000	700 000	固定造价合同
2	材料	440 000	440 000	固定造价合同
3	机械	150 000	150 000	固定造价合同
4	间接费用	50 000	50 000	固定造价合同
5	合理利润	260 000	260 000	固定造价合同
	合计	1 600 000	1 600 000	

大业建筑公司
财务专用章
2015年12月23日

业务7：

表4－7－$\frac{1}{5}$

四川增值税专用发票

No 30469874

抵扣联

开票日期：2015年12月25日

购货单位		密码区	
名　　称：阳光木业有限责任公司 纳税人识别号：9151065328FK987636 地 址、电话：成都市龙泉工业园1号028-66668888 开户行及账号：中国银行龙泉驿支行522188624816		密码区	#25<<1369〉4#5*10>> #1*321〉452-5#01〈109>>4 /1〈3*28*12#71〉58>8〈/4 *01/3〉78〉1/23#/5*10>

货物或应税劳务名称	规格型号	单位	数量	单价	金额	税率	税额
安装费	××	×	1.00	7000.00	7000.00	11%	770.00
合计					¥7000.00	11%	¥770.00
价税合计（大写） ⊗	柒仟柒佰柒拾元整				（小写）¥7770.00		

销货单位		备注
名　　称：成都市平安电梯厂 纳税人识别号：915101019MA9596321 地 址、电话：成都市天凯区江南路234号 028-86321234 开户行及账号：中国银行江南路支行452222698532		成都市平安电梯厂 915101019MA9596321 发票专用章

收款人：刘涛　复核：梁左　开票人：刘涛　销货单位：（章）

第二联：抵扣联 购货方抵扣联

表4－7－$\frac{2}{5}$

四川增值税专用发票

No 30469874

发票联

开票日期：2015年12月25日

购货单位		密码区	
名　　称：阳光木业有限责任公司 纳税人识别号：9151065328FK987636 地 址、电话：成都市龙泉工业园1号028-66668888 开户行及账号：中国银行龙泉驿支行522188624816		密码区	#25<<1369〉4#5*10>> #1*321〉452-5#01〈109>>4 /1〈3*28*12#71〉58>8〈/4 *01/3〉78〉1/23#/5*10>

货物或应税劳务名称	规格型号	单位	数量	单价	金额	税率	税额
安装费	××	×	1.00	7000.00	7000.00	11%	770.00
合计					¥7000.00	11%	¥770.00
价税合计（大写） ⊗	柒仟柒佰柒拾元整				（小写）¥7770.00		

销货单位		备注
名　　称：成都市平安电梯厂 纳税人识别号：915101019MA9596321 地 址、电话：成都市天凯区江南路234号 028-86321234 开户行及账号：中国银行江南路支行452222698532		成都市平安电梯厂 915101019MA9596321 发票专用章

收款人：刘涛　复核：梁左　开票人：刘涛　销货单位：（章）

第二联：发票联 购货方记账联

表 4－7－$\frac{3}{5}$

中国银行
转账支票存根
00698717

附加信息

出票日期 2015年12月25日

收款人：成都市平安电梯厂
金额：¥7 770.00
用途：安装费

单位主管 梁平　会计 王振
复核　记账

表 4－7－$\frac{4}{5}$

质量监测报告书

施工单位：成都市平安电梯厂
使用单位：阳光木业有限责任公司
工程内容：阳光木业有限责任公司观光电梯安装工程
检验报告号及检验员：JY—1247，李志明

质量技术监督部门审查意见：
该观光电梯复合《中华人民共和国标准化法》、《中华人民共和国产品质量法》和ISO9001的有关规定。

国家电梯质量监督检验中心
2015-12-25

（印章：国家电梯质量监督检验中心）

表4－7－$\frac{5}{5}$

固定资产移交使用报告单

2015年12月25日

名称	规格型号	单位	数量	设备价款	预计使用年限	移交单位
观光电梯	DT—11F	组	1	307 000.00	10年	商场
合计				307 000.00		

主管：江川　　会计：王振　　制单：王振

业务8：

表4－8－$\frac{1}{5}$

阳光木业有限责任公司第四届十四次董事会决议公告

本公司及董事会全体成员保证信息披露内容的真实、准确和完整，没有虚假记载、误导性陈述或者重大遗漏。

阳光木业有限责任公司第四届十四次董事会会议通知于2015年12月13日，以书面、传真方式发给公司9名董事，会议于2015年12月14日在公司四楼会议室召开。应到董事9名，实到8名，1名董事办理了委托，郭连恒独立董事委托秦志宏独立董事出席会议并代为行使表决权，符合《公司法》和《公司章程》的规定。会议由公司董事长洪兴先生主持，公司监事、部分高管人员列席了本次会议。经董事认真审议并表决，通过以下决议：以8票赞成，0票反对，0票弃权的表决结果，审议通过《阳光木业有限责任公司关于出售资产的议案》。

本公司向洁民二手车市场出售一辆货车，交易价格总额50 000.00元。

本次公司向非控股公司出售资产的事项不属于重大关联交易及资产交易事项，无须经过股东大会审批。

阳光木业有限责任公司董事会

2015年12月25日

（印章：阳光木业有限责任公司 5700107756）

表4－8－$\frac{2}{5}$

固定资产处置报告单

固定资产编号：2564　　2015年12月26日　　固定资产卡账号：7895

固定资产名称	规格型号	单位	数量	预计行驶里程	原值	月初折旧	当月应提折旧	预计净残值	备注
货车	东风105	辆	1	400 000	120 000	20 580	735	2 400	
使用部门：销售部									
固定资产状况：	出售								
处理意见	使用部门		技术鉴定小组		固定资产管理部门			主管部门审批	
	同意出售		同意出售		同意出售			同意出售	
	李一		张凤		高伟			梁平	

表 4－8－$\frac{3}{5}$

四川增值税专用发票　　No 30468521

记账联

开票日期：2015年12月26日

购货单位	名　　称：浩民汽车销售公司 纳税人识别号：91510693215875LD63 地　址、电话：成都市锦江区238号028-63219852 开户行及账号：中国银行锦江区支行522166321983			密码区	#25<<1369〉4#5*10>> #1*321〉452-5#01〈109>>4 /1〈3*28*12#71〉58>8〈/4 *01/3〉78〉1/23#/5*10>		
货物或应税劳务名称	规格型号	单位	数量	单价	金额	税率	税额
货车	东风105	辆	1.00	50000.00	50000.00	17%	8500.00
合计					¥50000.00	17%	¥8500.00
价税合计（大写）	⊗ 伍万捌仟伍佰元整				（小写）¥58500.00		
销货单位	名　　称：阳光木业有限责任公司 纳税人识别号：9151065328FK987636 地　址、电话：成都市龙泉工业园1号028-66668888 开户行及账号：中国银行龙泉驿支行522188624816			备注			

第一联：记账联　销货方记账联

收款人：刘涛　　复核：梁左　　开票人：刘涛　　销货单位（章）

（印章：阳光木业有限责任公司 9151065328FK987636 发票专用章）

表 4－8－$\frac{4}{5}$

中国银行进账单（收账通知）　3

2015年 12 月 26日

出票人	全　称	浩民汽车销售公司	收款人	全　称	阳光木业有限责任公司
	账　号	415761777843		账　号	522188624816
	开户银行	中国银行新蓝支行		开户银行	中国银行龙泉驿支行

金额	人民币（大写）	伍万捌仟伍佰元整	千	百	十	万	千	百	十	元	角	分
					¥	5	8	5	0	0	0	0

票据种类	转账支票	票据张数	1	
票据号码	62245696			中国银行股份有限公司 新蓝支行 2015.12.26 转讫
复核　记账				收款人开户银行盖章

此联是收款人开户银行交给收款人的收账通知

表 4-8-$\frac{5}{5}$

收　据

填制日期：2015年12月26日

摘要	金额（小写）								
	百	十	万	千	百	十	元	角	分
汽车过户费			¥	1	2	0	0	0	0
合计人民币（大写）：壹仟贰佰元整									

第三联 记账联

现金付讫

收款单位（印章）成都市交通管理局财务专用章　收款人：薛贵　交款人：张婷

业务9：

表 4-9

固定资产折旧计算表

2015年12月31日

项目		原值	预计使用寿命	预计净残值	折旧方法	上月折旧额	本月折旧额
生产经营用	房屋建筑物						
	机器设备						
	运输工具						
	电子设备						
	小计						
非生产经营用	房屋建筑物						
	小计						
合计							

注：本月生产经营用运输工具行驶里程为48 000公里。

5 项目实训5 无形资产及其他资产核算

一、实训目标

指导学生了解无形资产及其他资产业务原始凭证的取得过程，训练学生认知无形资产和其他资产原始凭证的能力，独立完成编制无形资产累计摊销表和计提减值准备表的能力，独立完成编制长期待摊费用摊销表的能力，填制记账凭证的能力，审核记账凭证的能力，登记账簿的能力。

二、实训资料

（一）会计主体基本资料

冰爽饮料股份有限公司，成立于2008年12月1日，注册资本4 000万元。公司以橙汁、葡萄汁、矿泉水、白糖等为原料生产冰爽牌橙汁、葡萄汁、核桃汁三种饮料。截至2015年12月1日，公司的无形中资产中有一项土地使用权：高新区土地使用权。公司对高新区土地使用权采用直线法进行摊销，摊销年限为50年（即土地使用年限）。由于无形资产中的“核桃汁饮料配方”和“葡萄汁饮料配方”的使用年限无法合理估计，所以至今尚未进行摊销，按照企业会计准则规定，公司每年年末对这两种配方进行减值测试。

公司采用科目汇总表账务处理程序。

（二）2015年11月30日，公司无形资产及有关主要账户的余额如下：

无形资产——土地使用权（高新区）5 000 000元

——核桃汁饮料配方　60 000元

——葡萄汁饮料配方　40 000元

累计摊销——土地使用权（高新区）200 000元

业务1：

表5-1-$\frac{1}{3}$

新国用（2015）第0313号

土地使用权人	冰爽饮料股份有限公司			
坐落	新蓝中心广场路43号			
地号		图号		
地类（用途）	工业用	取得价格	2 000 000元	
使用权类型	出让	终止日期	2065年12月16日	
使用权面积	2亩	其中	使用面积	2亩
			分摊面积	0亩

根据《中华人民共和国宪法》、《中华人民共和国土地管理法》等法律法规，为保护土地使用权人的合法权益，对土地使用权人的合法权益，对土地使用权人申请登记的本证所列土地权利，经审查核实，准予登记，办法此证。

新蓝市人民政府 ★

新蓝市人民政府

2015年12月16日

表5-1-$\frac{2}{3}$

招商银行

转账支票存根

13740463

附加信息

出票日期　2015年12月16日

收款人：新蓝市国有土地交易中心

金额：￥2 000 000.00

用途：购买土地使用权

单位主管　刘国栋　会计　杨洋

复核　记账

表 5－1－$\frac{3}{3}$

招商银行进账单（回单） 1

2015年12月16日

出票人	全称	冰爽饮料股份有限公司	收款人	全称	新蓝市国有土地交易中心
	账号	41698733697136		账号	425795264797895
	开户银行	招行新蓝支行		开户银行	建行新蓝支行
金额	人民币（大写）	贰佰万元整		千百十万千百十元角分	¥200000000
票据种类	转账支票	票据张数	1		
票据号码	13740463				
复核 记账			收款人开户银行盖章		

招商银行股份有限公司 新蓝支行 2015.12.16 转讫

此联是出票人开户银行交给出票人的回单

业务2：

表 5－2－$\frac{1}{4}$

费 用 报 销 单

报销日期：2015年12月17日　　附件1张

费用项目	类别	金额	部门负责人（签章）	林聪
水蜜桃汁配方研究指出	办公费	3 000.00		
			审查意见	同意报销
金额合计：叁仟元整		¥3 000.00	报销人	郭可宁
核实金额：叁仟元整		¥3 000.00		

注:1. 此报销单用于:费用报销（除差旅费）、采购报账、外协报账、运输费报销、资产购置;
2. 签字流程：报销人→部门负责人→会计→总经理→财务流程。

会计：刘国栋　　出纳：张红

表 5-2-$\frac{2}{4}$

四川增值税普通发票 No 30469991

国家税务总局监制 四川

抵扣联

开票日期：2015年12月25日

购货单位	名 称：冰爽饮料股份有限公司 纳税人识别号：915106532896321 5 地 址、电话：成都市龙泉工业园23号028-84563210 开户行及账号：中国银行龙泉驿支行52216321597				密码区	#25<<1369）4#5*10>> #1*321）452-5#01（109>>4 /1（3*28*12#71）58>8（/4 *01/3）78）1/23#/5*10>		
货物或应税劳务名称	规格型号	单位	数量	单价	金额	税率	税额	
文具用品	××	×	1.00	2564.10	2564.10	17%	435.90	
合计					¥2564.10	17%	¥435.90	
价税合计（大写）	⊗ 叁仟元整				（小写）¥3000.00			
销货单位	名 称：成都市乐和文具店 纳税人识别号：915101019632145698 地 址、电话：成都市天府新区天府二街63号 028-86329632 开户行及账号：中国银行天府路支行452228521632				备注	成都市乐和文具店 915101019632145698 发票专用章		

收款人：刘涛 复核：梁左 开票人：刘涛 销货单位：（章）

第二联：发票联 购货方记账凭证

表 5-2-$\frac{3}{4}$

中国工商银行

转账支票存根

27726321

附加信息

出票日期 2015年12月17日

收款人：成都市乐和文具店

金额：￥3 000.00

用途：文具货款

单位主管 刘国栋 会计 杨洋

复核 记账

表 5-2-$\frac{4}{4}$

中国工商银行进账单（回单） 1

2015年 12 月 17日

出票人	全 称	冰爽饮料股份有限公司	收款人	全 称	成都市乐和文具店
	账 号	41698733697136		账 号	452228521632
	开户银行	中国工商银行新蓝支行		开户银行	中国银行天府路支行

金额	人民币（大写）	叁仟元整	千	百	十	万	千	百	十	元	角	分
						¥	3	0	0	0	0	0

票据种类	转账支票	票据张数	1	中国工商银行股份有限公司 新蓝支行 2015.12.17 转讫
票据号码	27724642			
复核 记账				收款人开户银行盖章

此联是出票人开户银行交给出票人的回单

业务 3：

表 5-3

收 据

填制日期：2015年12月20日

摘要	金额（小写） 百	十	万	千	百	十	元	角	分
专家论证费			¥	8	0	0	0	0	0
合计人民币（ 大写）：捌仟元整									

现金付讫

第三联 记账联

收款单位（盖章） 新蓝市食品行业协会 财务专用章 收款人：张志强 交款人：何敏

业务4：

表5-4-$\frac{1}{4}$

四川增值税普通发票 No 30463215

四川 国家税务总局监制

开票日期：2015年12月20日

购货单位	名　　称：冰爽饮料股份有限公司 纳税人识别号：915106532896321 5 地　址、电话：成都市龙泉工业园23号028-84563210 开户行及账号：中国银行龙泉驿支行5221632159 7			密码区	#25<<1369〉4#5*10>> #1*321〉452-5#01〈109>>4 /1〈3*28*12#71〉58>8〈/4 *01/3〉78〉1/23#/5*10>		
货物或应税劳务名称	规格型号	单位	数量	单价	金额	税率	税额
建材（乳胶漆）	××	桶	40.00	170.94	6837.60	17%	1162.39
合计					¥6837.60	17%	¥1162.39
价税合计（大写） ⊗	捌仟元整				（小写）¥8000.00		
销货单位	名　　称：成都市新世纪建材城 纳税人识别号：915106321585216321 地　址、电话：成都市高新区天坛大街66号 028-86396333 开户行及账号：中国银行高新支行452229632588			备注			

收款人：曹孟德　复核：刘备　开票人：关河　销货单位（章）

成都市新世纪建材城 915106321585216321 发票专用章

第二联：发票联 购货方记账凭证

表5-4-$\frac{2}{4}$

中国工商银行进账单（回单） 1

2015年12月20日

出票人	全　称	冰爽饮料股份有限公司	收款人	全　称	成都市新世纪建材城
	账　号	41698733697136		账　号	452229632588
	开户银行	中国工商银行新蓝支行		开户银行	中国银行高新支行
金额	人民币（大写）	捌仟元整		千百十万千百十元角分	¥800000
票据种类	转账支票	票据张数	1		
票据号码	27724695				
复核　记账				收款人开户银行盖章	

中国工商银行股份有限公司 新蓝支行 2015.12.20 转讫

此联是出票人开户银行交给出票人的回单

表 5－4－$\frac{3}{4}$

中国工商银行

转账支票存根

27728882

附加信息

出票日期　2015年12月20日

收款人：成都市新世纪建材城

金额：￥8 000.00

用途：建材款

单位主管 刘国栋　会计 杨洋

复核　　记账

表 5－4－$\frac{4}{4}$

装修合同

发包方（甲方）：冰爽饮料股份有限公司

承包方（乙方）：喜洋洋装修公司

依照《中华人民共和国合同法》及有关法律、法规的规定，双方在平等、自愿、协商一致的基础上，就发包人装修工程（以下简称工程）的有关事宜，达成如下协议：

第一条　工程概况

1. 工程名称：办公楼装修（冰爽股份有限责任公司经营性租入的 A栋办公楼装修）。

2. 工程承包方式：

（1）发包人包主料。

（2）承包人包辅料、包工。

3. 工程时间为：2015年12月20日至2015年12月26日。

第二条　发包人义务

1. 按时提供工程所需主要材料。

2. 参与工程质量和施工进度的监督，负责材料进场、竣工验收。

第三条　承包人义务

1. 施工中严格执行安全施工操作规范、防火规定、施工规范及质量标准，按期保持完成工程。

2. 保证施工现场的整洁，工程完工后负责清扫施工现场。

3. 参与工程质量和施工进度的监督，负责材料进场、竣工验收。

第四条　其他事项

工程项目及施工方式如需变更，双方应协商一致，签定书面变更协议，同时调整相关工程费用及工期。

购货单位（甲方）：冰爽饮料股份有限公司

法定代表人：宏兴

地　址：新蓝市江北区厦米路53号

电　话：028-84648598

开 户 行：工行新蓝支行522188741254

签约日期：2015年12月20日

供货单位：（乙方）：喜洋洋装饰公司

法定代表人：荀彧

地　址：成都市高新西区天赋……

电　话：028-87996336

开 户 行：中行高新西区支行422111651478

签约日期：2015年12月20日

业务 5：

表 5－5

收　　据

填制日期：2015年12月24日

摘要	金额（小写）								
	百	十	万	千	百	十	元	角	分
装修人工费			¥	3	0	0	0	0	0
合计人民币（ 大写）：	叁仟元整								

第三联　记账联

现金付讫

收款单位（印章）　嘉洋洋装修公司 财务专用章　　收款人 司马信　　交款人 王华

业务 6：

表 5－6

长期待摊费用摊销计算表

2015年12月31日

项目名称	入账日期	原值	摊销年限	截至期初已使用月份	截至期初已摊销金额	本月摊销	累计摊销	净值
长期待摊费用	2015-12-25	11000	5	0	0			

业务 7：

表 5－7

无形资产摊销计算表

2015年12月31日

编号	名称	入账日期	成本	使用年限	净残值率	已使用月份	已摊销金额	本月摊销	累计摊销	净值
1	土地使用权（高新区）	2013-12-1	5 000 000	50	0%	24	200 000			
2	土地使用权（新蓝中心广场）	2015-12-16	2 000 000	50	0%	0	0			

业务 8：

表 5－8

无形资产减值测试报告表

2015年12月31日

品名	原价	已摊销金额	可收回金额	测试结果
葡萄汁配方	40 000	0	30 000	减值
核桃汁配方	60 000	0	300 000	
审批意见：葡萄汁配方计提减值准备。				

主管：刘国栋　　　　会计：杨洋

业务9：

表5-9-$\frac{1}{3}$

专有技术转让合同

转让方名称：冰爽饮料股份有限公司
受让方名称：山东晶晶饮品有限公司

前言（签于条款）

——签于转让方冰爽饮料股份有限公司拥有核桃汁饮料配方专有技术
——签于受让方山东晶晶饮品有限公司对上述专有技术的了解，希望获得该专有技术
——签于转让方同意将其持有的专有技术转让给受让方，双方一致同意签订本合同

第一条　转让方向受让方交付资料
核桃汁饮料配方的余部相关资料
第二条　交付资料的时间、地点及方式
1. 交付资料的时间
合同生效后，转让方收到受让方支付给转让方的转让费后2日内，转让方向受让主交付合同第一条所述的全部资料。
2. 交付资料的方式和地点
转让方将上述全部资料以面交方式边交给受让方。
第三条　转让费及支付方式
本合同涉及的专利权的转让费为（¥300 000.00、人民币壹拾万元），采用一次付清方式，在合同生效之日起5日内，受让方将转让费全部汇至转让方的账号。
3. 参与工程质量和施工进度的监督，负责材料进场、竣工验收。
第四条　违约及索赔
对转让方：
转让方拒不交付合同规定的全部资料，办理专利权转让手续的，受让方有权解除合同，要求转让方返还转让费，并支付违约金20万。
对受让方：
受让方拒付转让费，转让方有仅解除合同要求返回余部资料，并要求赔偿其项兵或支付违约金20万元。
第五条　争议的解决办法
1. 双方在银行合同中发生争议的，应按本合同条款，友好协商，自行解决。
2. 双方不能协商解决争议的，提请受让方所在地或合同签约地专利管理机关调处。

甲方：冰爽饮料股份有限公司
法定代表人：宏兴
地　址：新蓝市江北区厦禾路53号
电　话：028-84648598
开 户 行：工行新蓝支行522188741254
签约日期：2015年12月31日

（印章：冰爽饮料股份有限公司 合同专用章）

乙方：山东晶晶饮料有限公司
法定代表人：季晓明
地　址：山东烟台泰安路156号
电　话：0517-87654123
开 户 行：工行泰安支行422123658745
签约日期：2015年12月31日

（印章：山东晶晶饮品有限公司 合同专用章）

表5-9-$\frac{2}{3}$

无形资产转让损溢计算表

2015年12月31日

项目	购入成本	累计摊销	售价	增值税		转让损溢
				税率	税额	

表 5-9-$\frac{3}{3}$

中国工商银行信汇凭证（收账通知）

2015年12月31日

<table>
<tr><td rowspan="4">出票人</td><td>全　称</td><td>山东晶晶饮品有限公司</td><td rowspan="4">收款人</td><td>全　称</td><td colspan="10">冰爽饮料股份有限公司</td></tr>
<tr><td>账　号</td><td>468836497154678</td><td>账　号</td><td colspan="10">41698733697136</td></tr>
<tr><td>汇出地点</td><td>山东省烟台市</td><td>汇入地点</td><td colspan="10">四川省新蓝市</td></tr>
<tr><td>开户银行</td><td>中国工商银行烟台支行</td><td>开户银行</td><td colspan="10">中国工商银行新蓝支行</td></tr>
<tr><td rowspan="2">金额</td><td rowspan="2">人民币（大写）</td><td colspan="3" rowspan="2">叁拾万元整</td><td>千</td><td>百</td><td>十</td><td>万</td><td>千</td><td>百</td><td>十</td><td>元</td><td>角</td><td>分</td></tr>
<tr><td></td><td>¥</td><td>3</td><td>0</td><td>0</td><td>0</td><td>0</td><td>0</td><td>0</td><td>0</td></tr>
<tr><td colspan="3">复核　　记账</td><td colspan="12">中国工商银行股份有限公司
新蓝支行
2015.12.31
转讫</td></tr>
</table>

此联是汇出行给汇款人的回单

6 项目实训6 对外投资核算

一、实训目标

指导学生了解对外投资业务原始凭证的取得过程，训练学生认知对外投资原始凭证的能力，独立完成编制利息计提表、公允价值变动计算表的能力，填制记账凭证的能力，审核会计凭证的能力，登记账簿及完成结账工作的能力。

二、实训资料

（一）会计主体基本资料

彩虹有限责任公司，2009年1月设立，注册资本1 000万元，主营业务生产销售电灭蚊器、灭蚊药片。公司地址：成都市高新区工业园23号，电话：028－61881188。开户银行：中国银行高新支行，账号：522188624333。证券交易所账号：123456。纳税主管机关：成都市高新区国税四分局，纳税识别号：915181164173380044。法人代表：洪兴；总经理：丁一；财务经理兼稽核：江州；出纳：张元。

公司关于对外投资的制度如下：

（1）对外投资属于公司的重大决策，必须通过公司董事会或股东大会决定。

（2）所有投资业务的核算均遵循《会业会计准则》的规定。

（二）2014年12月31日，有关科目期初余额如下所示：

总分类科目	明细账		期初余额
	二级明细账	三级明细账	
交易性金融资产	成本	万科房产股票	200 000.00
		庆林债券	207 500.00
	公允价值变动	万科房产股票	30 000.00
		庆林债券	5 000.00
长期股权投资	四达有限责任公司		6 000 000.00

（1）四达公司注册资本金750万元，本公司持股比例80%，对四达公司具有控制能力。

（2）本公司于2012年10月10日取得四达公司80%股份。

三、实训要求

（1）建立交易性金融资产、持有至到期投资、长期股权投资、投资收益、应收股利、应收利息、公允价值变动损益总账及相关明细账。

（2）交易性金融资产按照成本及公允价值变动设置二级明细，再按证券种类设置三级明细。

（3）持有至到期投资按照面值、应计利息设置明细。

（4）成本法核算的长期股权投资按照被投资单位设置明细；权益法核算的长期股权投资按照成本、损益调整、其他权益变动、其他综合收益设置二级明细，再按照被投资单位设置三级明细。

（5）投资收益、应收股利、应收利息、公允价值变动损益根据相关业务设置明细。

（6）完善和审核实训的原始资料。

（7）编制记账凭证，登记明细账。

（8）编制科目汇总表，登记总账。

（9）完成月结。

业务1：

表6－1－$\frac{1}{2}$

彩虹有限责任公司四届十六次董事会决议公告

本公司及董事会全体成员保证信息披露内容的真实、准确和完整，没有虚假记载、误导性陈述或者重大遗漏。

阳光木业有限责任公司四届十五次董事会会议通知于2014年12月10日，以书面、传真方式发给公司9名董事，会议于2014年12月20日在公司四楼会议室召开。应到董事9名，实到8名，1名董事办理了委托，郭连恒独立董事委托秦志宏独立董事出席会议并代为行使表决权，符合《公司法》和《公司章程》的规定。

会议由公司董事长洪兴先生主持，公司监事、部分高管人员列席了本次会议。

经董事认真审议并表决，通过以下决议：以9票赞成，0票反对，0票弃权的表决结果，审议通过《彩虹有限责任公司关于2015年淡季利用闲置资金投资的议案》，本公司将根据证券市场的变化购买有价证券作为以公允价值计量且变动计入当期损益的金融资产核算。

彩虹有限责任公司董事会

二零一四年十二月二十日

彩虹有限责任公司

表 $6-1-\frac{2}{2}$

兴业证券高新营业部买入交割凭证

成交日期	2015.01.05	证券名称	946788露露公司股票
资金账号	123456	成交数量	40000.00
股东代码	12572	成交净价	32.00
股东姓名	彩虹有限责任公司	成交金额	1280000.00
席位代码	44043	实收佣金	1280.00
申请编号	100182	印花税	0.00
申报时间	13:52:36	过户费	0.00
成交时间	13:53:12	附加费	0.00
单位利息	0.00	结算价格	1281280.00
成交编号	691664	实付金额	1281280.00
上次资金	0.00	本次资金	1280000.00
上次余股	0.00	本次余股	40000.00
委托来源	IN	打印日期	2015.01.05

业务2：

表 6-2

兴业证券高新营业部买入交割凭证

成交日期	2015.01.08	证券名称	946788国债
资金账号	123456	成交数量	1200张
股东代码	12572	成交净价	120.00
股东姓名	彩虹有限责任公司	成交金额	144000.00
席位代码	44043	实收佣金	144.00
申请编号	100182	印花税	0.00
申报时间	11:52:36	过户费	0.00
成交时间	11:53:12	附加费	0.00
单位利息	0.00	结算价格	144144.00
成交编号	834522	实付金额	144144.00
上次资金	0.00	本次资金	144000.00
上次余股	0.00	本次余股	1200张
委托来源	IN	打印日期	2015.01.08

业务3：

表6－3－$\frac{1}{4}$

彩虹有限责任公司董事会决议

公司于2014年12月15日，在1号楼会议室召开董事会会议，会议由董事长洪兴主持，讨论通过以下事项：

一、董事会决定出售持有的四达股份的20%，出售价款壹佰肆拾万元（¥1400 000.00元）；出售后仍然持有四达公司股份的60%。

二、应到董事9名，实到9名，符合《公司法》和《公司章程》的规定。

三、经董事认真审议，以9票赞成，0票反对，0票弃权的表决结果，审议通过出售20%四达公司股权。

本公司及董事会全体成员保证信息披露的内容真实、准确和完整，没有虚假记载、误导性陈述或者重大遗漏。

彩虹有限责任公司（彩虹有限责任公司）

二零一四年十二月十五日

表6－3－$\frac{2}{4}$

股权转让协议

甲方：彩虹有限责任公司

乙方：三佳股份有限公司

一、股权转让的份额及价格

彩虹有限责任公司（甲方）自愿将其持有的四达有限责任公司股份的20%转让给三佳股份有限公司（乙方），转让价格1 400 000元。

二、股权转让交割期限及方式

自本协议由审批机构批准生效之日起十日内，乙方以转账方式一次性支付壹佰肆拾万元（¥1 400 000.00元）给甲方。

三、股权进行上述转让后，乙方承认四达有限责任公司的合同、章程及附件，愿意履行并承担原甲方在四达有限责任公司中的一切权利、义务及责任。

四、违约责任

乙方若未按本协议第二条规定的期限如数缴付出资时，每逾期一个月，乙方需向甲方缴付应出资额的百分之一的违约金，如逾期三个月仍未缴付，除向甲方缴付违约金之外，甲方有权终止本协议，并要求乙方赔偿损失。

五、争议的解决

凡因执行本协议所发生的或与本协议有关的一切争议，双方应通过友好协商解决；如果协商不能解决，应提交中国的仲裁机构或其它仲裁机构，根据该机构的仲裁规则进行仲裁。仲裁结果为最终结果，对双方都有约束力。仲裁费用由败诉方负担。

六、此协议经股权转让双方正式签署后报原审批机关批准后生效。

（彩虹有限责任公司 合同专用章）　　（三佳股份有限公司 合同专用章）

甲方：彩虹有限责任公司	乙方：三佳股份有限公司
法人代表：洪兴 洪兴	法人代表：宫奇 宫奇
账号：中国银行高新支行522188624333	账号：招商银行东南路支行488864647575555
电话：028-61881188	电话：021-889667334
地址：成都市高新区工业园23号	地址：上海市东南路49号
签约日期：2014年12月27日	签约日期：2014年12月27日

表6－3－$\frac{3}{4}$

中国银行进账单（收账通知）　3

2015年01月05日

出票人	全　称	三佳股份有限公司	收款人	全　称	彩虹有限责任公司
	账　号	488864647575555		账　号	522188624333
	开户银行	招商银行东南路支行		开户银行	中国银行高新支行
金额	人民币（大写）	壹佰肆拾万元整		千百十万千百十元角分	¥140000000
票据种类	转账支票	票据张数	1		
票据号码	98753215				
复核　记账				收款人开户银行签章	中国银行四川省分行 高新支行 2015.01.05 转讫

此联是收款人开户银行交给收款人的收账通知

表6－3－$\frac{4}{4}$

股份转让损益计算单

2015年01月05日　　单位：元

项目	初始投资			转让投资				
	投资时间	持股比例	投资总额	转让时间	转让比例	转让成本	转让总额	投资损益
合计								

业务4：

表6-4-$\frac{1}{2}$

彩虹有限责任公司董事会决议

公司于2015年01月10日，在1号楼会议室召开董事会会议，会议由董事长洪兴主持，讨论通过以下事项：

一、董事会决定出资伍佰万元（¥5 000 000.00元）购买路桥公司发放的公司债券投资并准备持有至到期。债券于2015年01月01日发放，面值伍佰万元（¥5 000 000. 00元），期限3年，2018年01月01日到期，年利息率8%，每年的01月01日至01月10日支付上一年利息。

二、应到董事9名，实到9名，符合《公司法》和《公司章程》的规定。

三、经董事认真审议，以9票赞成，0票反对，0票弃权的表决结果，审议通过购买路桥债券投资的决定。

本公司及董事会全体成员保证信息披露的内容真实、准确和完整，没有虚假记载、误导性陈述或者重大遗漏。

彩虹有限责任公司

贰零壹伍年零壹月壹拾日

（印章：彩虹有限责任公司）

表6-4-$\frac{2}{2}$

中国银行

转账支票存根

支票号码 NO 1002457

附加信息

出票日期 2015年01月13日

收款人：

金额：¥5 000 000. 00元

用途：

单位主管：江州 出纳：张元

业务5：

表6－5－$\frac{1}{3}$

股权转让协议

甲方：福元股份有限公司

乙方：彩虹有限责任公司

一、股权转让的份额及价格

福元股份有限公司（甲方）自愿将其持有的25%的禾丰股份有限公司的股份转让给彩虹有限责任公司（乙方），转让价格壹佰捌拾万元（¥1 800 000.00元）。

二、股权转让交割期限及方式

自本协议由审批机构批准生效之日起十日内，乙方以转账方式一次性支付甲方壹佰捌拾万元（¥1 800 000.00元）。

三、股份进行上述转让后，乙方承认禾丰股份有限公司的合同、章程及附件，愿意履行并承担原甲方在禾丰股份有限公司中的一切权利、义务及责任。

四、违约责任

乙方若未按本协议第二条规定的期限如数缴付出资时，每逾期一个月，乙方需支付甲方应出资额的百分之一的违约金，如逾期三个月仍未缴付的，除向甲方缴付违约金之外，甲方有权终止本协议，并要求乙方赔偿损失。

五、争议的解决

凡因执行本协议所发生的或与本协议有关的一切争议，双方应通过友好协商解决；如果协商不能解决，应提交中国的仲裁机构或其它仲裁机构，根据该机构的仲裁规则进行仲裁。仲裁结果为最终结果，对双方都有约束力。仲裁费用由败诉方负担。

六、此协议经股权转让双方正式签署后报原审批机关批准后生效。

甲方：福元股份有限公司

法人代表：孙晓 孙晓

账号：招商银行天九路支行488[illegible]46475[illegible]456

电话：028-889667334

地址：成都市天府新区天九路49号

签约日期：2015年01月15日

乙方：彩虹有限责任公司

法人代表：洪兴 洪兴

账号：中国银行高新支行[illegible]2188[illegible]24333

电话：028-61881188

地址：成都市高新区工业园区3[illegible]

签约日期：2015年01月15日

表6－5－$\frac{2}{3}$

中国银行

转账支票存根

支票号码　NO 1002468

附加信息

出票日期　2015年01月18日

收款人：

金额：¥1 800 000.00元

用途：

单位主管：江州　　出纳：张元

表 6－5－$\frac{3}{3}$

持股证明书

股东：彩虹有限责任公司

截至2015年01月18日依股东名册记载持有本公司股份总数为300万股，持股比例25%。

禾丰股份有限公司

2015年01月18日

注：2014年12月31日禾丰公司可辨认净资产公允价值柒佰贰拾万元（¥7 200 000.00元）。

业务6：

表 6－6

现金股利派发通知单　　5679号

彩虹有限责任公司：

根据股东大会决议，公司决定向全体股东派发2014年现金股利共计叁佰万元（¥3 000 000.00元），你公司持股比例80%，本次应得现金股利贰佰肆拾万元（¥2 400 000.00万元）

四达有限责任公司 财务专用章 JHYX

禾丰有限责任公司

2015年01月18日

业务7：

表6－7－$\frac{1}{2}$

兴业证券新蓝营业部卖出交割凭证

成交日期	2015.01.25	证券名称	867940庆林债券
资金账号	123456	成交数量	1 000.00
代码	12572	面值	100 000.00
姓名	彩虹有限责任公司	成交金额	109 000.00
席位代码	44043	实收佣金	173.00
申请编号	10082	印花税	3 270.00
申报时间	15:40:56	过户费	109.00
成交时间	15:42:03	附加费	0.00
单位利息	0.00000000	结算价格	108 500.00
成交编号	5676301	实收金额	108 500.00
上次资金	207 500.00	本次资金	103 750.00
上次数量	2 000.00	本次数量	1 000
委托来源	IN	打印日期	2015.01.25

表6－7－$\frac{2}{2}$

交易性金融资产投资损益计算单

2015年01月25日　　　　单位：元

项目	售价	账面余额		投资损益
		成本	公允价值变动	
合计				

业务8：

表6－8

交易性金融资产公允价值变动额计算表

2015年01月31日　　　　单位：元

项目	账面余额	公允价值	变动额
万科房产股票		240 000.00	
庆林债券		100 000.00	
国债		150 000.00	
露露股票		1 400 000.00	
合计			

7 项目实训7 应付职工薪酬核算

一、实训目标

指导学生了解职工薪酬业务原始凭证的取得过程，训练学生认知职工薪酬原始凭证的能力，独立完成编制各种薪酬费用分配表的能力，填制记账凭证的能力，审核会计凭证的能力，登记账簿及完成结账工作的能力。

二、实训资料

（一）会计主体基本资料

阳光木业有限责任公司，职工120人，其中行政管理部门人员30人；产品生产人员60人，其中一车间30人，二车间30人；车间管理人员10人，其中一车间5人，二车间5人；销售人员20人。企业设立两个生产车间生产实木地板和强化复合木地板两类产品；原材料为原木、地板胶、木纹纸、油漆、石蜡等。法人代表：梁平；总经理：杨斌；财务经理兼稽核：李芳；出纳：张元。公司地址：成都市龙泉驿工业园1号；电话：028－66668888。开户银行：中国银行龙泉驿支行，账号：522188624816。纳税主管机关：成都市龙泉驿区国税一分局，纳税识别号：551811641700008。

各项费用计提比例：住房公积金按应付工资总额个人计提12%，单位计提12%；基本养老保险按应付工资总额个人计提8%，单位计提20%；基本医疗保险按应付工资总额个人计提2%，单位计提10%；失业保险按应付工资总额个人计提1%，单位计提2%；生育保险按应付工资总额单位计提1%；工伤保险按应付工资总额单位计提0.5%；工会经费按应付工资总额单位计提2%；职工教育经费按应付工资总额单位计提2.5%。

（二）2015年8月31日应付职工薪酬总账余额845 700元，有关明细账余额如下：

（1）工资明细账：540 000元。

（2）养老保险明细账：108 000元。

（3）医疗保险明细账：54 000元。

（4）失业保险明细账：10 800元。

（5）生育保险明细账：5 400元。

（6）工伤保险明细账：2 700元。

（7）住房公积金明细账：64 800元。

（8）工会经费明细账：20 000元。

（9）职工教育经费明细账：40 000元。

三、实训要求

（1）建立应付职工薪酬总账。

（2）依据职工薪酬的内容建立工资、职工福利、五险一金、工会经费、职工教育经费、非货币性福利的相关明细账。

（3）完善和审核实训的原始资料。

（4）编制记账凭证，完成月末结转损益，登记应付职工薪酬明细账。

（5）编制科目汇总表，登记总账。

（6）完成月结。

（7）每4位同学组成一组，分工合作完成上述工作。

（8）按照学生工作方案、记账凭证（包括科目汇总表）、明细账、总账的顺序整理好实训资料，提交实训成果。

业务1：

表7－1－$\frac{1}{2}$

阳光木业有限责任公司职工工资表

部门：　　　　2015年08月31日　　　　第1页共8页

编号	年月	姓名	部门	基本工资	职务津贴	生活补贴	奖金	应付工资	基本养老保险	基本医疗保险	失业保险	住房公积金	个人所得税	实付工资
1	2015.8	李渐	管理	2 000.00	1000.00	200.00	1 600.00	4 800.00	384.00	96.00	48.00	576.00	5.88	3 690.12
2	2015.8	白成飞	管理	1 500.00	750.00	180.00	1 600.00	4 030.00	322.40	80.60	40.30	483.60		3 103.10
3	2015.8	张力	管理	1 500.00	750.00	200.00	1 600.00	4 050.00	324.00	81.00	40.50	486.00		3 118.50
4	2015.8	马中安	管理	1 500.00	600.00	200.00	1 600.00	3 900.00	312.00	78.00	39.00	468.00		3 003.00
	……													
31	2015.8	李敏新	一车间	1 000.00	500.00	320.00	2 300.00	4 120.00	329.60	82.40	41.20	494.40		3 172.40
32	2015.8	王珊珊	一车间	1 000.00	500.00	150.00	2 300.00	3 950.00	316.00	79.00	39.50	474.00		3 041.50
33	2015.8	赵同国	一车间	1 200.00	500.00	200.00	2 300.00	4 200.00	336.00	84.00	42.00	504.00		3 234.00
34	2015.8	赵秀秀	一车间	1 000.00	500.00	220.00	2 300.00	4 020.00	321.60	80.40	40.20	482.40		3 095.40
35	2015.8	王辉	二车间	1 600.00	500.00	300.00	2 300.00	4 700.00	376.00	94.00	47.00	564.00	3.57	3 615.43
36	2015.8	许庆龙	二车间	2 000.00	500.00	200.00	2 300.00	5 000.00	400.00	100.00	50.00	600.00	10.50	3 839.50
37	2015.8	邓锐	二车间	1 000.00	500.00	180.00	2 300.00	3 980.00	318.40	79.60	39.80	477.60		3 064.60
	……													
91	2015.8	刘超	一车间管理	1 000.00	800.00	220.00	1 800.00	3 820.00	305.60	76.40	38.20	458.40		2 941.40
92	2015.8	徐亮	一车间管理	1 400.00	800.00	200.00	1 800.00	4 200.00	336.00	84.00	42.00	504.00		3 234.00
93	2015.8	沙靖松	二车间管理	1 400.00	800.00	200.00	1 800.00	4 200.00	336.00	84.00	42.00	504.00		3 234.00
94	2015.8	魏宏明	二车间管理	1 000.00	800.00	200.00	1 800.00	3 800.00	304.00	76.00	38.00	456.00		2 926.00
	……													
101	2015.8	李洋洋	销售	1 000.00		220.00	3 000.00	4 220.00	337.60	84.40	42.20	506.40		3 249.40
	……													
120	2015.8	赵杰	销售	2 000.00		300.00	2 800.00	5 100.00	408.00	102.00	51.00	612.00	12.81	3 914.19
	合　计			400 000.00		40 000.00	100 000.00	540 000.00	43 200.00	10 800.00	5 400.00	64 800.00	960.00	414 840.00

表 7－1－$\frac{2}{2}$

中国银行
转账支票存根
10205122
43278148

附加信息 ______________

____

出票日期 2015年09月04日

收款人：
金额：￥414 840.00
用途：发放工资

单位主管　　会计
复核　　记账

业务 2：

表 7－2－$\frac{1}{4}$

四川省社会保险基金统一收据

四川省财政厅 票据印制章

缴费单位（人）：阳光木业有限责任公司　2015年09月08日　　No：12345678

征缴项目	单位缴纳	个人缴纳	缴费所属日期	金额
基本养老保险	108 000.00	43 200.00	2015年8月	151 200.00
基本医疗保险	54 000.00	10 800.00	2015年8月	64 800.00
失业保险	10 800.00	5 400.00	2015年8月	16 200.00
工伤保险	2 700.00		2015年8月	2 700.00
生育保险	5 400.00		2015年8月	5 400.00
合计金额（大写）贰拾肆万零叁佰元整		￥240 300.00		

第二联 收据

成都市社会保险费管理处 财务专用章

收费单位：（盖章）　　开票人：白雪

表 7－2－$\frac{2}{4}$

四川省住房公积金基金统一收据

阳川省财政厅 票据印制章

缴费单位（人）：阳光木业有限公司　　2015年09月08日　　No：10002359

征缴项目	单位缴纳	个人缴纳	缴费所属日期	金额
住房公积金	64 800.00	64 800.00	2015年8月	129 600.00
				0.00
				0.00
				0.00
				0.00
合计金额：（大写）壹拾贰万玖仟陆佰元整			￥129 600.00	

第二联收据

收费单位：（盖章）　　开票人：映雪

成都市住房公积金管理处 财务专用章

表 7－2－$\frac{3}{4}$

中国银行

转账支票存根

10205122

43278149

附加信息

出票日期 2015年09月08日

收款人：成都市社会保险管理处

金额：￥240 300.00

用途：缴纳保险

单位主管　　会计

复核　　记账

表 7-2-$\frac{4}{4}$

中国银行

转账支票存根

10205122

43278150

附加信息

出票日期 2015年09月08日

收款人：成都市住房公积金管理处

金额：￥129 600.00

用途：缴纳住房公积金

单位主管　　会计

复核　　记账

业务 3：

表 7-3

费 用 报 销 单

2015年09月12日　　附件2 张

费用项目	类别	金额	单位负责人（签章）	梁平
职工薪酬	困难补助	1 400.00		
			审查意见	同意报销
			报销人	王辉
报销金额合计		￥1 400.00		
核实金额（大写）：人民币壹仟肆佰元整				
借款数	应退数	应补金额		
列支渠道	职工薪酬			

审核 李芳　　出纳 张元

业务4：

表7－4

费用报销单

2015年09月20日　　　　　　附件1 张

费用项目	类别	金额	单位负责人（签章）	梁平
职工薪酬	职工教育经费	10 000.00		
			审查意见	同意报销
			报销人	肖米
报销金额合计		¥10 000.00		
核实金额（大写）：人民币壹万元整				
借款数	应退数	应补金额		
列支渠道	职工薪酬			

审核 李芳　　　　出纳 张元

业务5：

表7－5－$\frac{1}{2}$

费用报销单

2015年09月20日　　　　　　附件2 张

费用项目	类别	金额	单位负责人（签章）	梁平
职工薪酬	工会经费	5 000.00		
			审查意见	同意报销
			报销人	向明
报销金额合计		¥5 000.00		
核实金额（大写）：人民币伍仟元整				
借款数：6 000元	应退数：1 000元	应补金额：		
列支渠道	职工薪酬			

审核 李芳　　　　出纳 张元

表7－5－$\frac{2}{2}$

收　　据

2015年09月20日　　　　420512

收到：向明

摘　　要	千	百	十	万	千	百	十	元	角	分
退回多余借款				¥	1	0	0	0	0	0
合计人民币（大写）	壹仟元整									
备注										

第三联　记账联

阳光木业有限责任公司　财务专用章　BSYL

收款单位（财务公章）　　会计：　　收款人：张元　　经手人：向明

业务6：

表7－6－$\frac{1}{4}$

3100053331

四川省增值税专用发票

全国统一发票监制章　四川　国家税务总局监制

抵扣联

No 36754035

开票日期：2015年09月25日

购货单位	名　　称：阳光木业有限责任公司 纳税人识别号：510104251549687 地址、电话：成都市龙泉驿工业园1号，028-66668888 开户行及账号：中国银行龙泉驿支行522188624816			密码区	172312-4-275〈1+46*54* 181321〉〈8182*59*09618 〈4〈3*2702-9〉9*+153〈/0 *08/4〉*〉〉2-3*0/9/〉〉25		
货物或应税劳务名称	规格型号	单位	数量	单价	金额	税率	税额
苹果		箱	120.00	80.00	9600.00	17%	1632.00
合计					¥9600.00	17%	¥1632.00
价税合计（大写）	人民币壹万壹仟贰佰叁拾贰元整				（小写）	¥11232.00	
销货单位	名　　称：四川果业公司 纳税人识别号：541024768065238 地址、电话：西昌市广场路343号，028-87527722 开户行及账号：中国银行广北支行，380031705228			备注			

第一联：抵扣联　购货方扣税凭证

四川果业公司　发票专用章　541024768065238

收款人：　　复核：　　开票人：李锐　　销货单位：（章）

表 7-6-$\frac{2}{4}$

3100053331

四川省增值税专用发票

四川 国家税务总局监制

发票联

No 36754035

开票日期：2015年09月25日

购货单位	名　　称：阳光木业有限责任公司 纳税人识别号：510104251549687 地址、电 话：成都市龙泉驿工业园1号，028-66668888 开户行及账号：中国银行龙泉驿支行522188624816	密码区	172312-4-275〈1+46*54* 181321〉〈8182*59*09618 〈4〈3*2702-9〉9*+153〈/0 *08/4〉*〉〉2-3*0/9/〉〉25

货物或应税劳务名称	规格型号	单位	数量	单价	金额	税率	税额
苹果		箱	120.00	80.00	9600.00	17%	1632.00
合计					￥9600.00	17%	￥1632.00
价税合计（大写）	人民币壹万壹仟贰佰叁拾贰元整				（小写）￥11232.00		

销货单位	名　　称：四川果业公司 纳税人识别号：541024768065238 地 址、电 话：西昌市广场路343号，028-87527722 开户行及账号：中国银行广北支行，380031705228	备注	四川果业公司 发票专用章 541024768065238

收款人：　　　　复核：　　　　开票人：李锐　　　　销货单位：（章）

第三联：发票联 购货方记账凭证

表 7-6-$\frac{3}{4}$

中国银行

转账支票存根

10205122

43278151

附加信息

出票日期 2015年09月25日

收款人：四川果业公司

金额：￥11 232.00

用途：

单位主管　　　会计

复核　　　　记账

表 7-6-$\frac{4}{4}$

苹果领取单

2015年09月25日

编号	姓名	部门	数量
1	李渐	企划	1
2	白成飞	销售	1
3	张力	设计	1
4	马中安	企划	1
5	李敏新	生产	1
6	王珊珊	生产	1
7	赵同国	生产	1
8	赵秀秀	生产	1
9	王辉	生产	1
10	许庆龙	生产	1
11	邓锐	生产	1
12	李元锴	企划	1
……			
115	刘超	设计	1
116	徐亮	企划	1
117	沙靖松	企划	1
118	魏宏明	设计	1
119	李洋洋	设计	1
120	赵杰	设计	1

业务7：

表7－7－$\frac{1}{2}$

阳光木业有限责任公司职工工资表

部门：　　　　2015年09月30日　　　　第1页共8页

编号	年月	姓名	部门	基本工资	职务津贴	生活补贴	奖金	应付工资	基本养老保险	基本医疗保险	失业保险	住房公积金	个人所得税	实付工资
1	2015.8	李渐	管理	2 000.00	1 000.00	200.00	1 600.00	4 800.00	384.00	96.00	48.00	576.00	5.88	3 690.12
2	2015.8	白成飞	管理	1 500.00	750.00	180.00	1 600.00	4 030.00	322.40	80.60	40.30	483.60		3 103.10
3	2015.8	张力	管理	1 500.00	750.00	200.00	1 600.00	4 050.00	324.00	81.00	40.50	486.00		3 118.50
4	2015.8	马中安	管理	1 500.00	600.00	200.00	1 600.00	3 900.00	312.00	78.00	39.00	468.00		3 003.00
	……													
31	2015.8	李敏新	一车间	1 000.00	500.00	320.00	2 300.00	4 120.00	329.60	82.40	41.20	494.40		3 172.40
32	2015.8	王珊珊	一车间	1 000.00	500.00	150.00	2 300.00	3 950.00	316.00	79.00	39.50	474.00		3 041.50
33	2015.8	赵同国	一车间	1 200.00	500.00	200.00	2 300.00	4 200.00	336.00	84.00	42.00	504.00		3 234.00
34	2015.8	赵秀秀	一车间	1 000.00	500.00	220.00	2 300.00	4 020.00	321.60	80.40	40.20	482.40		3 095.40
35	2015.8	王辉	二车间	1 600.00	500.00	300.00	2 300.00	4 700.00	376.00	94.00	47.00	564.00	3.57	3 615.43
36	2015.8	许庆龙	二车间	2 000.00	500.00	200.00	2 300.00	5 000.00	400.00	100.00	50.00	600.00	10.50	3 839.50
37	2015.8	邓锐	二车间	1 000.00	500.00	180.00	2 300.00	3 980.00	318.40	79.60	39.80	477.60		3 064.60
	……													
91	2015.8	刘超	一车间管理	1 000.00	800.00	220.00	1 800.00	3 820.00	305.60	76.40	38.20	458.40		2 941.40
92	2015.8	徐亮	一车间管理	1 400.00	800.00	200.00	1 800.00	4 200.00	336.00	84.00	42.00	504.00		3 234.00
93	2015.8	沙靖松	二车间管理	1 400.00	800.00	200.00	1 800.00	4 200.00	336.00	84.00	42.00	504.00		3 234.00
94	2015.8	魏宏明	二车间管理	1 000.00	800.00	200.00	1 800.00	3 800.00	304.00	76.00	38.00	456.00		2 926.00
	……													
101	2015.8	李洋洋	销售	1 000.00		220.00	3 000.00	4 220.00	337.60	84.40	42.20	506.40		3 249.40
	……													
120	2015.8	赵杰	销售	2 000.00		300.00	2 800.00	5 100.00	408.00	102.00	51.00	612.00	12.81	3 914.19
	合计			400 000.00		40 000.00	100 000.00	540 000.00	43 200.00	10 800.00	5 400.00	64 800.00	960.00	414 840.00

表 7－7－$\frac{2}{2}$

工资费用分配表

2015年09月30日　　单位：元

项　　目		应付工资	合　计
生产成本——基本生产成本	一车间	140 000.00	140 000.00
	二车间	160 000.00	160 000.00
制造费用	一车间	50 000.00	50 000.00
	二车间	50 000.00	50 000.00
管理费用		70 000.00	70 000.00
销售费用		70 000.00	70 000.00
合计		540 000.00	540 000.00

业务 8：

表 7－8

五险一金费用计提表

2015年09月30日　　单位：元

项　　目		社会保险费					住房公积金（　）	工会经费（　）	职工教育经费（　）	合　计
		基本养老保险（　）	基本医疗保险（　）	失业保险（　）	工伤保险（　）	生育保险（　）				
生产成本——基本生产成本	一车间									
	二车间									
制造费用	一车间									
	二车间									
管理费用										
销售费用										
合　计										

业务 9：

表 7－9

职工福利费用分配表

2015年09月30日　　单位：元

项目		职工福利	非货币性职工福利	合　计
生产成本——基本生产成本	一车间			
	二车间			
制造费用	一车间			
	二车间			
管理费用				
销售费用				
合　计				

8 项目实训 8 税费核算

一、实训目标

引导学生了解企业部分税费和期间费用业务完成过程及取得的单据，指导学生认知相关业务单据的能力，训练学生依据审核无误的单据填制记账凭证的能力，编制科目汇总表并登记账簿的能力，完成结账工作的能力。

二、实训资料

（一）会计主体基本资料

阳光木业股份有限公司于 2000 年注册成立，主要生产、销售、安装实木地板和强化木地板；2011 年在金辉大道开设了一家 KTV 厅。公司地址：成都市龙泉工业园 1 号。电话：028－66668888。开户银行：中国银行龙泉驿支行，账号：522188624816。纳税主管机关：成都市龙泉驿区国税一分局，纳税识别号：12100056132200588A；成都市龙泉驿区地税三分局，纳税识别号：551811641700008。法人代表：梁平。总经理：杨斌。财务经理：李芳。会计：刘元。稽核：赵军。出纳：张蓉。

公司为增值税为一般纳税人，产品适用增值税税率 17%，KTV 厅适用增值税税率 6%，消费税税率 5%；取得的增值税发票均于当月完成抵税认证。

（二）2017 年 3 月 31 日有关账户余额如下：

应交税费 176 235.26 元

——未交增值税 180 000.00 元

——应交消费税 52 941.15 元

——应交城市维护建设税 16 305.88 元

——应交教育费附加 6 988.23 元

——应交所得税明细账（借方）80 000.00 元

三、实训要求

（1）建立应交税费总账。

（2）依据税费的内容建立相关明细账。

（3）完善和审核实训的原始资料。

（4）编制记账凭证，完成月末结转损益，登记应交税费明细账。

（5）编制科目汇总表，登记总账。

（6）完成月结。

（7）每 4 位同学组成一组，分工合作完成上述工作。

（8）按照学生工作方案、记账凭证（包括科目汇总表）、明细账、总账的顺序整理好实训资料，提交实训成果。

业务 1：

表 8－1－$\frac{1}{3}$

四川增值税专用发票

发票代码：151001728834

发票号码：22345998

开票日期：2017年04月02日

机器编号：335700041233　　**抵扣联**　　校验码：44511 68675 66745 67331

购货单位	名　　称：阳光木业股份有限公司 纳税人识别号：551811641700008 地 址、电 话：成都市龙泉工业园1号028-66668888 开户行及账号：中国银行龙泉驿支行522188624816	密码区	2>35-/>1///043>+>+7859*/512 1*--1+37/<-8>2>0/*8*2<>2+69 />*+86>/++6/2-//43-/<+58505 /59+6<4-1+37/<-8>2>0/*8+-6+

货物或应税劳务名称	规格型号	单位	数量	单价	金额	税率	税额
会务费					20000.00	6%	1200.00
合计					¥20000.00		¥1200.00
价税合计（大写）	人民币贰万壹仟贰佰元整				（小写）¥21200.00		

销货单位	名　　称：红叶会务有限责任公司 纳税人识别号：558784725611982 地 址、电 话：成都市会展路467号028-87663456 开户行及账号：中国银行会展路支行4905664451111876	备注	红叶会务有限公司 发票专用章 558784725611982

收款人：林木　　复核：　　开票人：ZHANGFEI123　　销货单位：（

第二联：抵扣联　购买方扣税凭证

表 8－1－$\frac{2}{3}$

四川增值税专用发票

发票代码：151001728834

发票号码：22345998

开票日期：2017年04月02日

机器编号：335700041233　　发票联　　校验码：44511 68675 66745 67331

购货单位	名　　称：阳光木业股份有限公司 纳税人识别号：551811641700008 地 址、电 话：成都市龙泉工业园1号028-66668888 开户行及账号：中国银行龙泉驿支行522188624816	密码区	2>35-/>1///043>+>+7859*/512 1*--1+37/<-8>2>0/*8*2<>2+69 />*+86>/++6/2-//43-/<+58505 /59+6<4-1+37/<-8>2>0/*8+-6+

货物或应税劳务名称	规格型号	单位	数量	单价	金额	税率	税额
会务费					20000.00	6%	1200.00
合计					¥20000.00		¥1200.00
价税合计（大写）	人民币贰万壹仟贰佰元整				（小写）¥21200.00		

销货单位	名　　称：红叶会务有限责任公司 纳税人识别号：558784725611982 地 址、电 话：成都市会展路467号028-87663456 开户行及账号：中国银行会展路支行4905664451111876	备注	红叶会务有限公司 发票专用章 558784725611982

收款人：林木　　复核：　　开票人：ZHANGFEI123　　销货单位：（章）

第三联：发票联　购买方记账凭证

表 8－1－$\frac{3}{3}$

中国银行 转账支票存根 **10205122** 43278152
附加信息
出票日期 2017年04月02日
收款人：
金额：¥21 200.00元
用途：
单位主管：　　会计：
复核：　　记账：

业务2：

表8－2

费　用　报　销　单

报销日期：2017年04月03日　　　　附件 2张

费 用 项 目	类别	金额	部门负责人（签章）	王伟
管理费用	办公用品	6 500.00		
			审查意见	同意报销
			报销人	王雨
报销金额合计		¥6 500.00		
核实金额（大写）：人民币陆仟伍佰元整				
借款数	应退数	应补金额		
列支渠道	招待客户			

审核：李芳　　　　　　出纳：张蓉

业务3：

表8－3－$\frac{1}{2}$

四川增值税普通发票

发票代码：151341729981
发票号码：82345997
开票日期：2017年04月03日

机器编号：345700041232　　　**发票联**　　　校验码：44513 68675 66745 67355

购货单位	名　　称：宏鑫川菜酒楼 纳税人识别号：558784735411971 地 址、电 话：成都市天意街67号028-88643202 开户行及账号：中国银行天意路支行12988749433				密码区	2>35-/>1///043>+>+7859*/512 1*--1+37/<-8>2>0/*8*2<>2+69 />*+86>/++6/3-//43 /<150505 /59+6<4-1+37/<-8>2>0/*8+-6+		
货物或应税劳务名称	规格型号	单位	数量	单价	金额	税率	税额	
餐费					1600.00	3%	48.00	
合计					¥1600.00		¥48.00	
价税合计（大写）	人民币壹仟陆佰肆拾捌元整				（小写）¥1648.00			
销货单位	名　　称：阳光木业股份有限公司 纳税人识别号：551811641700008 地 址、电 话：成都市龙泉工业园1号028-66668888 开户行及账号：中国银行龙泉驿支行522188624816				备注			

第二联：发票联　购买方记账凭证

收款人：刘山　　复核：　　开票人：QINCHUAN205　　销货单位：（章）

宏鑫川菜酒楼　发票专用章　558784735411971

表 8-3-$\frac{2}{2}$

四川银行卡POS凭证

客户存根
CAPDHOLDER COPY

商户名称 MERCHANT		宏鑫川菜酒楼	
商户编号 MERCHANT NO 999510158120027		POS编号 TREMINAL. ID. 000001	
银行代码及行号BANK		10002494	
交易卡号 CARD NUMBER 6227 0038 1313 0030 000			
有效期 EXP. DATE 2027年12月31日		交易日期 DATE 2017年04月03日	
流水号 TRACE NUMBER 003066		交易时间 TIME 21:18:56	
批次号 BATCH NO. 000274		授权号码 AUTH CODE 000003	
参考号 REE. NO. 229455003066			
交易类型 TRANS. TYPE 消费（SALE）			
交易金额 RMB1 648.00			
持卡人签名 CARDHOLDER SIGNATURE		杨斌	
操作员号 OPERATOR ID. 7663		收银员签字 CASH REGISTOR SIGNATURE 刘玉	

中国银联四川分公司监制

业务 4：

表 8-4-$\frac{1}{5}$

中华人民共和国
税收通用缴款书

（国家税务总局 税收 监制 印章）　国

隶属关系：区级　　　　(2017壹)川国涂缴　759831　号

注册类型:股份有限公司　　**填制日期：2017年04月04日**　　征收机关：成都市龙泉驿区国税一分局

缴款单位	代　码	12100056132200588A	预算科目	编码	101010103	
	全　称	阳光木业股份有限公司		名称	增值税	
	开户银行	中国银行龙泉驿支行		级次	中央75%地方25%	
	账　号	522188624816		收缴国库	市金库	
税款所属时期：2017年01～03月			**税款限缴日期：2017年04月04日**			
品目名称	课税数量	计税金额	税率或单位税额	已缴或扣除额	实缴金额	
增值税		1 058 823.53	17%		180 000.00	
金额合计	（大写）人民币壹拾捌万元整				¥180 000.00	
缴款单位（盖章） 经办人(章) （阳光木业股份有限公司 公章）	税务机关（盖章） 填票人(章) （成都市龙泉驿区国家税务局 001 征税专用章）		上列款项已收妥并划转国库（盖章） （中国银行四川省分行 龙泉驿支行 2017.04.04 转讫） 2017年04月04日		备注：	

第一联　缴款单位作完税凭证

逾期不缴按税法规定加收滞纳金

表 8－4－$\frac{2}{5}$

中华人民共和国
税收通用缴款书

地

隶属关系：区级　　　　(2017壹)川地涂缴 5678196 号

注册类型：股份有限公司　　**填制日期：2017年04月04日**　　征收机关：成都市龙泉驿区地税三分局

缴款单位	代码	551811641700008	预算科目	编码	123000001
	全称	阳光木业股份有限公司		名称	城市维护建设税、教育费附加
	开户银行	中国银行龙泉驿支行		级次	地方100%
	账号	522188624816		收缴国库	市金库
税款所属时期：2017年01～03月			**税款限缴日期：2017年04月04日**		

品目名称	课税数量	计税金额	税率或单位税额	已缴或扣除额	实缴金额
城市维护建设税		232 941.15	7%		16 305.88
教育费附加		232 941.15	3%		6 988.23
金额合计	（大写）人民币贰万叁仟贰佰玖拾肆元壹角壹分				¥23 294.11
缴款单位（盖章） 经办人（章） 阳光木业股份有限公司 公章	税务机关（盖章） 填票人（章） 成都市龙泉驿区地方税务局 003 征税专用章	上列款项已收妥并划转国库（盖章） 中国银行四川省分行 龙泉驿支行 2017.04.04 转讫 2017年04月04日		备注：	

第一联缴款单位作完税凭证

表 8－4－$\frac{3}{5}$

中华人民共和国
税收通用缴款书

国

隶属关系：区级　　　　(2017壹)川国涂缴 759832 号

注册类型：股份有限公司　　**填制日期：2017年04月04日**　　征收机关：成都市龙泉驿区国税一分局

缴款单位	代码	12100056132200588A	预算科目	编码	101010103
	全称	阳光木业股份有限公司		名称	消费税
	开户银行	中国银行龙泉驿支行		级次	中央
	账号	522188624816		收缴国库	市金库
税款所属时期：2017年01～03月			**税款限缴日期：2017年04月04日**		

品目名称	课税数量	计税金额	税率或单位税额	已缴或扣除额	实缴金额
消费税		105 883.00	5%		52 941.15
金额合计	（大写）人民币伍万贰仟玖佰肆拾壹元壹角五分				¥52 941.15
缴款单位（盖章） 经办人（章） 阳光木业股份有限公司 公章	税务机关（盖章） 填票人（章） 成都市龙泉驿区国家税务局 001 征税专用章	上列款项已收妥并划转国库（盖章） 中国银行四川省分行 龙泉驿支行 2017.04.04 转讫 2017年04月04日		备注：	

第一联缴款单位作完税凭证

表 8－4－$\frac{4}{5}$

中国银行龙泉驿支行电子缴税凭证

转账日期：2017年04月04日

凭证号：20173005

纳税人全称及纳税人识别号：阳光木业股份有限公司12100056132200588

付款人全称：阳光木业股份有限公司　　征税机关名称：成都市龙泉驿区国税一分局
付款人账号：522188624816　　收缴国库（银行）名称：市金库
付款人开户银行：中国银行龙泉驿支行　　缴款书交易流水号：20173005
小写（合计）金额：23 2941.15
大写（合计）金额：贰拾叁万贰仟玖佰肆拾壹元壹角五分　　税票号码：5100154322

税种（费）名称：	所属时间	实缴金额
增值税	2017.01～2017.03	180 000.00
消费税	2017.01～2017.03	52 941.15

银行收讫

第一次打印　　打印时间2017年04月04日

第二联　　作付款凭证（无银行收讫章无效）

表 8－4－$\frac{5}{5}$

中国银行龙泉驿支行电子缴税凭证

转账日期：2017年04月04日

凭证号：20172345

纳税人全称及纳税人识别号：阳光木业股份有限公司551811641700008

付款人全称：阳光木业股份有限公司　　征税机关名称：成都市龙泉驿区地税三分局
付款人账号：522188624816　　收缴国库（银行）名称：市金库
付款人开户银行：中国银行龙泉驿支行　　缴款书交易流水号：20172345
小写（合计）金额：23294.11
大写（合计）金额：贰万叁仟贰佰玖拾肆元壹角壹分　　税票号码：5100154322

税种（费）名称：	所属时间	实缴金额
城市维护建设税	2017.01～2017.03	18 305.88
教育费附加	2017.01～2017.03	6 988.23

银行收讫

第一次打印　　打印时间2017年04月04日

第二联　　作付款凭证（无银行收讫章无效）

业务5：

表8-5-$\frac{1}{3}$

商品购销合同

合同号：2017-062

甲方（购货方）：久久家居有限责任公司

乙方（销货方）：阳光木业股份有限公司

本着平等互利的原则，经双方协商，共同订立如下合同：

一、双方必须有合法的营业执照，乙方所供商品必须有合法商标，根据不同商品分别提供生产、经营许可证、注册商标证、产品合格证、进口商品检验证等。

二、甲方向乙方订购以下商品：

序号	商品名称	规格型号	计量单位	数量	单价	金额
1	实木地板	75×90×18	平方米	10 000	180	1 800 000.00
	合计					1 800 000.00

三、到货时间：乙方在10日之内发货，货物委托路路通运输公司运输，费用由乙方承担。

四、货款结算款方式：现款结算。

五、合同一式贰份，双方盖章后生效。如违约须赔偿对方损失，按销售价款的10%赔偿，不可抗力除外。

本合同在履行过程中，若发生纠纷或异议，双方协调解决。

甲方：久久家居有限责任公司

法人代表：吴横欣 吴横欣

账号：中国银行盛和路支行 456121234318076

电话：028-87561217

地址：成都市盛和路68号

签约日期：2017年

久久家居有限责任公司 合同专用章

乙方：阳光木业股份有限公司

法人代表：梁平 梁平

账号：中国银行龙泉驿支行522188624816

电话：028-66668888

地址：成都市龙泉工业园1号

签约日期：2017年04月10日

阳光木业股份有限公司 合同专用章

表 8－5－$\frac{2}{3}$

四川增值税专用发票

发票代码：151001729956

发票号码：22345123

开票日期：2017年04月11日

机器编号：335700042365　　此联不做报销、扣税凭证使用　　校验码：44611 68685 66733 67355

购货单位	名　　称：久久家居有限责任公司 纳税人识别号：518784725615691 地　址、电　话：成都市盛和路68号028-87567217 开户行及账号：中国银行盛和路支行 456121234318076			密码区	2>35-/>1///043>+>+7859*/512 1*--1+37/<-8>2>0/*8*2<>2+69 />*+86>/++6/2-//43-/<+58505 /78+6<4-1+37/<-8>2>0/*7++6-		
货物或应税劳务名称	规格型号	单位	数量	单价	金额	税率	税额
实木地板	75×90×18	平方米	10000	180.00	1800000.00	17%	306000.00
合计					¥1800000.00		¥306000.00
价税合计（大写）	人民币贰佰壹拾万零陆仟元整				（小写）¥2106000.00		
销货单位	名　　称：阳光木业股份有限公司 纳税人识别号：551811641700008 地　址、电　话：成都市龙泉工业园1号028-66668888 开户行及账号：中国银行龙泉驿支行522188624816			备注	阳光木业股份有限公司 发票专用章 551811641700008		

收款人：张勇　　复核：　　开票人：LILIN123　　销货单位（章）

第一联：记账联　销售方记账凭证

表 8－5－$\frac{3}{3}$

工商银行进账单（收账通知）　3

2017年04月11日

出票人	全　称	久久家居有限责任公司	收款人	全　称	阳光木业股份有限公司
	账　号	456121234318076		账　号	522188624816
	开户银行	中国银行盛和路支行		开户银行	中国银行龙泉驿支行
金额	人民币（大写）	贰佰壹拾万零陆仟元整		千 百 十 万 千 百 十 元 角 分	¥ 2 1 0 6 0 0 0 0 0
票据种类	转账支票	票据张数	1		
票据号码	3657934			中国银行四川省分行 盛和路支行 2017.04.11 转讫	
复核　　记账				收款人开户银行签章	

此联是收款人开户银行交给收款人的收账通知

业务6：

表8－6

产成品出库通知单

仓库：1号仓库　　　　　　　　　　**2017年04月11日**

合同编号	名称	规格	单位	应发数量	实发数量	单位成本	万	千	百	十	万	千	百	十	元	角	分	附注
2017-062	实木地板	75×90×18		10 000	10 000	150			1	5	0	0	0	0	0	0	0	
	合计							¥	1	5	0	0	0	0	0	0	0	

第一联记账联

会计：刘元　　　　保管：吴奇　　　　制单：

业务7：

表8－7－$\frac{1}{4}$

商品购销合同

合同号：2017-033

甲方（购货方）：阳光木业股份有限公司

乙方（销货方）：四川九和木材有限责任公司

本着平等互利的原则，经双方协商，共同订立如下合同：

一、双方必须有合法的营业执照，乙方所供商品必须有合法商标，根据不同商品分别提供生产、经营许可证、注册商标证、产品合格证、进口商品检验证等。

二、甲方向乙方订购以下商品：

序号	商品名称	规格型号	计量单位	数量	单价	金额
1	原木		立方米	7 000	1 500	10 500 000.00
	合计					10 500 000.00

三、到货时间：乙方在10日之内发货，货物委托四川铁路运输公司运输，费用由乙方承担。

四、货款结算款方式：现款结算。

五、合同一式贰份，双方盖章后生效。如违约须赔偿对方损失，按销售价款的10%赔偿，不可抗力除外。

本合同在履行过程中，若发生纠纷或异议，双方协调解决。

甲方：阳光木业股份有限公司

法人代表：梁平　梁平

账号：中国银行龙泉驿支行1572188624816

电话：028-66668888

地址：成都市龙泉驿工业园1号

签约日期：2017年04月11日

阳光木业股份有限公司 合同专用章

乙方：四川九和木材有限责任公司

法人代表：吴欣　吴欣

账号：中国银行雅安支行124598763422

电话：0835-12345678

地址：雅安市天平路[illegible]号

签约日期：2017年04月11日

四川九和木材有限责任公司 合同专用章

表 8－7－$\frac{2}{4}$

四川增值税专用发票

发票代码：151002347865

发票号码：51345977

开票日期：2017年04月15日

机器编号：055700041221　　**抵扣联**　　校验码：44511 68675 66745 67331

购货单位	名　　称：阳光木业股份有限公司 纳税人识别号：551811641700008 地 址、电 话：成都市龙泉工业园1号028-66668888 开户行及账号：中国银行龙泉驿支行522188624816	密码区	4>35-/>1///043>+>+7859*/512 1*--1+37/<-8>2>0/*8*2<>2+69 />*+86>/++6/2-//43-/<+58505 /59+6<4-1+37/<-8>4>0/*8+-6+

货物或应税劳务名称	规格型号	单位	数量	单价	金额	税率	税额
原木		立方米	7000	1500.00	10500000.00	6%	630000.00
合计					¥10500000.00		¥630000.00
价税合计（大写）	人民币壹仟壹佰壹拾叁万元整				（小写）¥11130000.00		

销货单位	名　　称：四川九和木材有限责任公司 纳税人识别号：590000725616534 地 址、电 话：雅安市天平路9号0835-12345678 开户行及账号：中国银行雅安支行124598763422	备注	四川九和木材有限责任公司 发票专用章 590000725616534

收款人：龚明　　复核：　　开票人：ZHANGFEI345　　销货单位：(章)

第二联：抵扣联　购买方扣税凭证

表 8－7－$\frac{3}{4}$

四川增值税专用发票

发票代码：151002347865

发票号码：51345977

开票日期：2017年04月15日

机器编号：055700041221　　**发票联**　　校验码：44511 68675 66745 67331

购货单位	名　　称：阳光木业股份有限公司 纳税人识别号：551811641700008 地 址、电 话：成都市龙泉工业园1号028-66668888 开户行及账号：中国银行龙泉驿支行522188624816	密码区	4>35-/>1///043>+>+7859*/512 1*--1+37/<-8>2>0/*8*2<>2+69 />*+86>/++6/2-//43-/<+58505 /59+6<4-1+37/<-8>4>0/*8+-6+

货物或应税劳务名称	规格型号	单位	数量	单价	金额	税率	税额
原木		立方米	7000	1500.00	10500000.00	6%	630000.00
合计					¥10500000.00		¥630000.00
价税合计（大写）	人民币壹仟壹佰壹拾叁万元整				（小写）¥11130000.00		

销货单位	名　　称：四川九和木材有限责任公司 纳税人识别号：590000725616534 地 址、电 话：雅安市天平路9号0835-12345678 开户行及账号：中国银行雅安支行124598763422	备注	四川九和木材有限责任公司 发票专用章 590000725616534

收款人：龚明　　复核：　　开票人：ZHANGFEI345　　销货单位：(章)

第三联：发票联　购买方记账凭证

表 8－7－$\frac{4}{4}$

中国银行 转账支票存根 12205122 33278152
附加信息
出票日期 2017年04月15日
收款人：
金额：¥11 130 000.00元
用途：
单位主管： 会计：
复核： 记账：

业务8：

表 8－8

费 用 报 销 单

报销日期：2017年04月18日 附件5 张（略）

费 用 项 目	类别	金额	部门负责人（签章）	李平
管理费用	差旅费	6 000		
			审查意见	同意报销
			报销人	曲格
报销金额合计		¥6 000		
核实金额（大写）：人民币陆仟元整				
借款数 应退数 应补金额				现金付讫
列支渠道	购买办公用品			

审核：李芳 出纳： 张蓉

业务9：

表 8-9-$\frac{1}{7}$

商品购销合同

合同号：2017-324

甲方（购货方）：阳光木业股份有限公司

乙方（销货方）：邦顿装饰材料有限责任公司

本着平等互利的原则，经双方协商，共同订立如下合同：

一、双方必须有合法的营业执照，乙方所供商品必须有合法商标，根据不同商品分别提供生产、经营许可证、注册商标证、产品合格证、进口商品检验证等。

二、甲方向乙方订购以下商品：

序号	商品名称	规格型号	计量单位	数量	单价	金额
1	胶水	555#	kg	800	4	3 200.00
	合计					3 200.00

三、到货时间：乙方在3日之内发货，货物委托内江货物运输公司运输，费用由甲方承担。

四、货款结算款方式：银行承兑汇票结算。

五、合同一式贰份，双方盖章后生效。如违约须赔偿对方损失，按销售价款的10%赔偿，不可抗力除外。

本合同在履行过程中，若发生纠纷或异议，双方协调解决。

甲方：阳光木业股份有限公司

法人代表：梁平 梁平

账号：中国银行龙泉驿支行5[illegible]88624816

电话：028-66668888

地址：成都市龙泉工业园1号

签约日期：2017年04月21日

乙方：邦顿装饰材料有限责任公司

法人代表：丁小齐 丁小齐

账号：中国建设银行临江路支行52162475584301

电话：0832-87201378

地址：内江市临江北路3号

签约日期：2017年04月21日

表 8－9－$\frac{2}{7}$

四川增值税专用发票

发票代码：551002347867

发票号码：51345909

开票日期：2017年04月23日

机器编号：065700041223　　　　**抵扣联**　　　　校验码：44511 68675 66745 67331

购货单位	名　　称：阳光木业股份有限公司 纳税人识别号：551811641700008 地 址、电 话：成都市龙泉工业园1号028-66668888 开户行及账号：中国银行龙泉驿支行522188624816			密码区	4>35-/>1///043>+>+7859*/512 1*--1+37/<-8>2>0/*8*2<>2+69 />*+86>/++6/2-//43-/<+58505 /59+6<4-1+37/<-8>4>0/*8+-6+		
货物或应税劳务名称	规格型号	单位	数量	单价	金额	税率	税额
地板胶	555#	kg	800	4.00	3200.00	17%	544.00
合计					¥3200.00		¥544.00
价税合计（大写）	人民币壹仟壹佰壹拾叁万元整				（小写）¥3744.00		
销货单位	名　　称：邦顿装饰材料有限责任公司 纳税人识别号：520107752475204 地 址、电 话：内江市临江北路3号0832-87201378 开户行及账号：中国建设银行临江路支行52162475584301			备注	邦顿装饰材料有限责任公司 发票专用章 520107752475204		

收款人：方阳　复核：　　　　开票人：ZHENGQING345　　　　销货单位:(章)

第二联：抵扣联　购买方扣税凭证

表 8－9－$\frac{3}{7}$

四川增值税专用发票

发票代码：551002347867

发票号码：51345909

开票日期：2017年04月23日

机器编号：065700041223　　　　**发票联**　　　　校验码：44511 68675 66745 67331

购货单位	名　　称：阳光木业股份有限公司 纳税人识别号：551811641700008 地 址、电 话：成都市龙泉工业园1号028-66668888 开户行及账号：中国银行龙泉驿支行522188624816			密码区	4>35-/>1///043>+>+7859*/512 1*--1+37/<-8>2>0/*8*2<>2+69 />*+86>/++6/2-//43-/<+58505 /59+6<4-1+37/<-8>4>0/*8+-6+		
货物或应税劳务名称	规格型号	单位	数量	单价	金额	税率	税额
地板胶	555#	kg	800	4.00	3200.00	17%	544.00
合计					¥3200.00		¥544.00
价税合计（大写）	人民币壹仟壹佰壹拾叁万元整				（小写）¥3744.00		
销货单位	名　　称：邦顿装饰材料有限责任公司 纳税人识别号：520107752475204 地 址、电 话：内江市临江北路3号0832-87201378 开户行及账号：中国建设银行临江路支行52162475584301			备注	邦顿装饰材料有限责任公司 发票专用章 520107752475204		

收款人：方阳　复核：　　　　开票人：ZHENGQING345　　　　销货单位:(章)

第三联：发票联　购买方记账凭证

表 8－9－$\frac{4}{7}$

四川增值税专用发票

发票代码：510005677802
发票号码：34345911
开票日期：2017年04月23日

机器编号：165700052120　　**抵扣联**　　校验码：44511 68675 66745 67331

购货单位	名　　称：阳光木业股份有限公司 纳税人识别号：551811641700008 地 址、电 话：成都市龙泉工业园1号028-66668888 开户行及账号：中国银行龙泉驿支行522188624816				密码区	8>35-/>1///043>+>+7859*/512 1*--1+37/<-8>2>0/*8*2<>2+69 />*+86>/++6/2-//43-/<+58505 /59+6<4-1+37/<-8>4>0/*8+-7+		
货物或应税劳务名称	规格型号	单位	数量	单价	金额	税率	税额	
运费			1	500.00	500.00	11%	55.00	
合计					¥500.00		¥55.00	
价税合计（大写）	人民币伍佰伍拾伍元整　　（小写）¥555.00							
销货单位	名　　称：内江货物运输公司 纳税人识别号：576100201900327 地 址、电 话：内江市临江北路13号0832-78635618 开户行及账号：中国银行临江路支行52162475584301				备注	内江货物运输公司 发票专用章 576100201900327		

第二联：抵扣联　购买方扣税凭证

收款人：成宁　复核：　　开票人：ZHENGQING329　　销货单位:(章)

表 8－9－$\frac{5}{7}$

四川增值税专用发票

发票代码：510005677802
发票号码：34345911
开票日期：2017年04月23日

机器编号：165700052120　　**发票联**　　校验码：44511 68675 66745 67331

购货单位	名　　称：阳光木业股份有限公司 纳税人识别号：551811641700008 地 址、电 话：成都市龙泉工业园1号028-66668888 开户行及账号：中国银行龙泉驿支行522188624816				密码区	8>35-/>1///043>+>+7859*/512 1*--1+37/<-8>2>0/*8*2<>2+69 />*+86>/++6/2-//43-/<+58505 /59+6<4-1+37/<-8>4>0/*8+-7+		
货物或应税劳务名称	规格型号	单位	数量	单价	金额	税率	税额	
运费			1	500.00	500.00	11%	55.00	
合计					¥500.00		¥55.00	
价税合计（大写）	人民币伍佰伍拾伍元整　　（小写）¥555.00							
销货单位	名　　称：内江货物运输公司 纳税人识别号：576100201900327 地 址、电 话：内江市临江北路13号0832-78635618 开户行及账号：中国银行临江路支行52162475584301				备注	内江货物运输公司 发票专用章 576100201900327		

第三联：发票联　购买方记账凭证

收款人：成宁　复核：　　开票人：ZHENGQING329　　销货单位:(章)

表 8-9-$\frac{6}{7}$

商业承兑汇票（存根）　3

汇票号码7889456

出票日期（大写）　贰零壹柒年零肆月贰拾叁日

付款人	全　称	阳光木业股份有限公司	收款人	全　称	邦顿装饰材料有限责任公司
	账　号	522188624816		账　号	52162475584301
	汇出地点	中国银行龙泉驿支行		汇入地点	中国建设银行临江路支行
出票金额	人民币（大写）	肆仟贰佰玖拾玖元整		十万千百十元角分	¥429900
汇票到期日（大写）	贰零壹柒年零陆月贰拾叁日		付款人开户行	行号	2510
交易合同号码	2017-597			地址	成都龙泉驿区工业园78号
备注					

此联由出票人存查

表 8-9-$\frac{7}{7}$

收　料　单

材料科目：　原材料　　　　　　　　　　　　　　　　　　　　**5812013**

材料类别：　主要材料

供应单位：　邦顿装饰材料公司

发票号码：　51345909　　　　2017年04月23日　　　　收料仓库：1#仓库

材料名称	规格	计量单位	数量		实际成本					
			应收	实收	买价		运杂费	其他	合计	单位成本
					单价	金额				
地板胶		kg	800	800	4.00	3 200.00	500.00		3 700.00	4.625
合　计						3 200.00	500.00		3 700.00	

第三联　记账联

会计：刘元　　　　收料：王一　　　　质检员：吴为

业务 10：

表 8－10－$\frac{1}{5}$

商品购销合同

合同号：2017-130

甲方（购货方）：阳光木业股份有限公司

乙方（销货方）：苏宁易购集团股份有限公司

本着平等互利的原则，经双方协商，共同订立如下合同：

一、双方必须有合法的营业执照，乙方所供商品必须有合法商标，根据不同商品分别提供生产、经营许可证、注册商标证、产品合格证、进口商品检验证等。

二、甲方向乙方订购以下商品：

序号	商品名称	规格型号	计量单位	数量	单价	金额
1	先科KTV音响套装	K18	套	20	4 000	80 000.00
	合计					80 000.00

三、发货时间：乙方在3日之内发货，货物委托灰狗货物运输公司运输，费用由乙方承担。

四、货款结算款方式：现款结算。

五、合同一式贰份，双方盖章后生效。如违约须赔偿对方损失，按销售价款的10%赔偿，不可抗力除外。

本合同在履行过程中，若发生纠纷或异议，双方协调解决。

甲方：阳光木业股份有限公司

法人代表：梁平 梁平

账号：中国银行龙泉驿支行822[illegible]816

电话：028-666[illegible]8

地址：成都市龙泉工业园1号

签约日期：2017年04月25日

乙方：苏宁易购集团股份有限公司

法人代表：万肖 万肖

账号：中国银行城南支行4402[illegible]846

电话：028-87642468

地址：成都市高新区盛和一路3[illegible]

签约日期：2017年04月25日

阳光木业股份有限公司 合同专用章

苏宁易购集团股份有限公司 合同专用章

表 8－10－$\frac{2}{5}$

四川增值税专用发票

发票代码：5100153330

发票号码：02983421

开票日期：2017年04月25日

机器编号：075700041272　　　　**抵扣联**　　　　校验码：76516 68675 66745 71331

购货单位

名　　称：阳光木业股份有限公司

纳税人识别号：551811641700008

地 址、电 话：成都市龙泉工业园1号028-66668888

开户行及账号：中国银行龙泉驿支行522188624816

密码区

4>35-/>1///043>+>+7859*/512

1*--1+37/<-8>2>0/*8*2<>2+69

/>*+86>/++6/2-//43-/<+58505

/59+6<4-1+37/<-8>4>0/*8+-6+

货物或应税劳务名称	规格型号	单位	数量	单价	金额	税率	税额
先科音响套装	K18	套	20	4000.00	80000.00	17%	13600.00
合计					¥80000.00		¥13600.00
价税合计（大写）	人民币玖万叁仟陆佰元整			（小写）¥93600.00			

销货单位

名　　称：苏宁易购集团股份有限公司

纳税人识别号：5101044507544322

地 址、电 话：成都市高新区盛和一路33号028-87642468

开户行及账号：中国银行城南支行440220407846

备注

苏宁易购集团股份有限公司 发票专用章 5101044507544322

收款人：方冬　　复核：　　开票人：ZHENGQING234　　销货单位:(章)

第二联：抵扣联 购买方扣税凭证

表 8－10－$\frac{3}{5}$

四川增值税专用发票

发票代码：5100153330

发票号码：02983421

开票日期：2017年04月25日

机器编号：075700041272　　　　**发票联**　　　　校验码：76516 68675 66745 71331

购货单位

名　　称：阳光木业股份有限公司

纳税人识别号：551811641700008

地 址、电 话：成都市龙泉工业园1号028-66668888

开户行及账号：中国银行龙泉驿支行522188624816

密码区

4>35-/>1///043>+>+7859*/512

1*--1+37/<-8>2>0/*8*2<>2+69

/>*+86>/++6/2-//43-/<+58505

/59+6<4-1+37/<-8>4>0/*8+-6+

货物或应税劳务名称	规格型号	单位	数量	单价	金额	税率	税额
先科音响套装	K18	套	20	4000.00	80000.00	17%	13600.00
合计					¥80000.00		¥13600.00
价税合计（大写）	人民币玖万叁仟陆佰元整			（小写）¥93600.00			

销货单位

名　　称：苏宁易购集团股份有限公司

纳税人识别号：5101044507544322

地 址、电 话：成都市高新区盛和一路33号028-87642468

开户行及账号：中国银行城南支行440220407846

备注

苏宁易购集团股份有限公司 发票专用章 5101044507544322

收款人：方冬　　复核：　　开票人：ZHENGQING234　　销货单位:(章)

第二联：发票联 购买方记账凭证

表 8－10－$\frac{4}{5}$

中国银行

转账支票存根

12205233

78278122

附加信息

出票日期 2017年04月25日

收款人：
金额：￥93 600.00元
用途：

单位主管： 会计：

复核： 记账：

表 8－10－$\frac{5}{5}$

固定资产移交使用报告单

2017年04月26日

名称	规格型号	单位	数量	设备价款	预计使用年限	移交单位
先利音响套装	K18	套	20	80 000.00	10年	KTV厅
合计						
备注						

部门主管：高伟 会计：刘元 质检员 龙剑

业务11：

表8－11

低值易耗品报废单

2017年04月26日

名称	规格型号	单位	数量	已使用时间	原值	已摊销	备注
塑料桶		个	15	6个月	2 400	1 200	
使用部门：生产车间							
报废原因	正常报废						
处理意见	使用部门		技术鉴定小组		管理部门		主管部门审批
	同意报废 吴奇		同意报废 江兵		同意报废 高伟		同意报废 洪兴

业务12：

表8－12－$\frac{1}{2}$

中华人民共和国 税收通用完税证 地

（2017贰）川国涂缴 2878026 号

注册类型：股份有限公司　　填制日期：2017年04月26日　　征收机关：成都市龙泉驿区地税三分局

纳税人代码		551811641700008		地址		
纳税人名称		阳光木业股份有限公司		税款所属时期		2017年4月26日
税种	品目名称	课税数量	计税金额或销售收入	税率或单位税额	已缴或扣除额	实缴金额
印花税						1 800.00
金额合计		（大写）人民币壹仟捌佰元整				
税务机关（盖章）		委托代征单位（盖章）		填票人（章）		

第二联：缴款单位作完税凭证

表 8－12－$\frac{2}{2}$

中国银行
转账支票存根
12205245
78278167
附加信息
出票日期 2017年04月26日

收款人：
金额：￥1 800. 00元
用途：

单位主管：　　会计：
复核：　　记账：

业务 13：

表 8－13－$\frac{1}{4}$

商品购销合同

合同号：2017-062
甲方（购货方）：久久家居有限责任公司
乙方（销货方）：阳光木业股份有限公司
本着平等互利的原则，经双方协商，共同订立如下合同：
一、双方必须有合法的营业执照，乙方所供商品必须有合法商标，根据不同商品分别提供生产、经营许可证、注册商标证、产品合格证、进口商品检验证等。
二、甲方向乙方订购以下商品：

序号	商品名称	规格型号	计量单位	数量	单价	金额
1	强化地板	75×90×12	平方米	10 000	120	1 200 000. 00
	合计					1 200 000.00

二、到货时间：乙方在10日之内发货，货物委托路路通运输公司运输，费用由乙方承担。
四、货款结算款方式：现款结算。
五、合同一式贰份，双方盖章后生效。如违约须赔偿对方损失，按销售价款的10%赔偿，不可抗力除外。
本合同在履行过程中，若发生纠纷或异议，双方协调解决。

甲方：久久家居有限责任公司
法人代表：吴横欣 吴横欣
账号：中国银行盛和路支行 456121234318076
电话：028-87567217
地址：成都市盛和路68号
签约日期：2017年04月27日
（印章：久久家居有限责任公司 合同专用章）

乙方：阳光木业股份有限公司
法人代表：梁平 梁平
账号：中国银行龙泉驿支行522188624816
电话：028-66668888
地址：成都市龙泉工业园1号
签约日期：2017年04月27日
（印章：阳光木业股份有限公司 合同专用章）

表 8－13－$\frac{2}{4}$

四川增值税专用发票

发票代码：151001729956
发票号码：22345156
开票日期：2017年04月28日

机器编号：335700042344　　　　此联不做报销、扣税凭证使用　　　　校验码：44611 68685 66733 67488

购货单位	名　　称：久久家居有限责任公司 纳税人识别号：518784725615691 地 址、电 话：成都市盛和路68号028-87567217 开户行及账号：中国银行盛和路支行 456121234318076			密码区	2>44-/>1///043>+>+7859*/512 1*--1+37/<-8>2>0/*8*2<>2+69 />*+86>/++6/2-//43-/<+58505 /78+6<4-1+37/<-8>2>0/*7++6+		
货物或应税劳务名称	规格型号	单位	数量	单价	金额	税率	税额
强化木地板	75×90×12	平方米	10000	120.00	1200000.00	17%	204000.00
合计					¥1200000.00		¥204000.00
价税合计（大写）	人民币壹佰肆拾万零肆仟元整				（小写）¥1404000.00		
销货单位	名　　称：阳光木业股份有限公司 纳税人识别号：551811641700008 地 址、电 话：成都市龙泉工业园1号028-66668888 开户行及账号：中国银行龙泉驿支行522188624816			备注	阳光木业股份有限公司 发票专用章 551811641700008		

收款人：张勇　　　复核：　　　开票人：LILIN123　　　销货单位（章）

第一联：记账联　销售方记账凭证

表 8－13－$\frac{3}{4}$

中国银行托收凭证（回单）　4

付款期限　年　月　日

委托日期2017年04月28日

业务类型	委托收款（　口邮划　口电划）　托收承付（　口邮划　口电划　）						
付款人	全 称	久久家居有限责任公司		收款人	全 称	阳光木业股份有限公司	
	账 号	456121234318076			账 号	522188624816	
	地 址	四川省成都市　开户行	中国银行盛和路支行		地 址	四川省成都市　开户行	中国银行龙泉驿支行
金额	人民币（大写）	壹佰肆拾万零肆仟元整				万千百十万千百十元角分	¥ 1 4 0 4 0 0 0 0 0
款项内容	销货款	托收凭据名称	委托收款		附寄单证张数	2张	
商品发运情况	已发	合同名称号码	2017-062				
备注： 复核　　记账		款项收妥日期 年　月　日			收款人开户银行签章 中国银行龙泉驿支行 业务专用章 2017年04月28日		

此联付款人开户行凭以汇款或收款人开户银行作收账通知

表 8－13－$\frac{4}{4}$

产成品出库通知单

仓库：2号仓库　　　　2017年04 月11日

合同编号	名称	规格	单位	应发数量	实发数量	单位成本	万	千	百	十	万	千	百	十	元	角	分	附注
2017-085	强化地板	75×90×12		10 000	10 000	100			1	0	0	0	0	0	0	0	0	
	合计							¥	1	0	0	0	0	0	0	0	0	

第一联记账联

会计：刘元　　保管：吴奇　　制单：

业务 14：

表 8－14

中国银行龙泉驿支行利息结算清单

2017年04月28日

收款单位	账　号	119845634781	付款单位	账　号	522188624816
	户　名	中国银行龙泉驿支行		户　名	阳光木业股份有限公司
	开户银行	中国银行龙泉驿支行		开户银行	中国银行龙泉驿支行
本金：500 000.00			利率：6%		利息：2 500.00
备注：支付3月28日至4月28日利息			科目 对方科目 复核员：　记账员：		

中国银行四川省分行 龙泉驿支行 2017.04.28 转讫

业务 15：

表 8－15

税费计算单

2017年04月30日　　　　单位：元

项目	计税基数	税率	应纳税额	合计
消费税				
城市维护建设税				
教育费附加				
合计				

9 项目实训9 销售核算

一、实训目标

指导学生了解销售、提供劳务业务原始凭证的取得过程，训练学生认知销售及提供劳务业务原始凭证的能力，独立完成利润核算及利润分配业务处理的能力，填制记账凭证的能力，审核会计凭证的能力，登记账簿及完成结账工作的能力。

二、实训资料

（一）会计主体基本资料

冰爽饮料股份有限公司于2005年1月1日设立，注册资本4 000万元，占地面积240 000平方米，拥有全自动生产线三条，以橙汁、葡萄汁、桃汁、矿泉水、白糖、食用香精等为原料生产冰爽牌橙汁、冰爽牌葡萄汁、冰爽牌桃汁三种口味的饮料。拥有职工382人，其中行政管理人员200人，一号生产线44人，二号生产线44人，三号生产线44人，车间管理20人，销售人员30人。拥有的车队除负责本企业产品的派送外，对外提供货物运输服务。公司地址：新蓝市江北区下河路53号。电话：223－66668888。开户银行：中国工商银行新蓝支行，账号：4100823127869114567。纳税识别号：551000640523158。橙汁售价：60元/箱，成本：35元/箱；桃汁售价：80元/箱，成本：50元/箱；葡萄汁售价：64元/箱，成本：40元/箱。

发出存货采用个别计价法，利润核算采用账结法，年末一次性计算全年所得税费用。

（二）2017年11月30日有关账户余额如下：

（1）原材料280 000元

——白砂糖280 000元（40 000kg）。

（2）库存商品694 500元

——橙汁45 500元（1 300箱）

——葡萄汁625 000元（15 625箱）

——桃汁24 000元（480箱）。

（3）固定资产清理70 000元

——东风货运车70 000元。

（4）本年利润 556 740 元。

（5）利润分配 120 000 元

——未分配利润 120 000 元。

三、实训要求

（1）建立主营业务收入、主营业务成本、其他业务收入、其他业务成本、营业外收入、本年利润、利润分配总账。

（2）建立主营业务收入、主营业务成本、其他业务收入、其他业务成本、营业外收入、本年利润、利润分配的相关明细账。

（3）完善和审核实训的原始资料。

（4）编制记账凭证，完成月末结转损益等账簿调整，登记有关明细账。

（5）编制科目汇总表，登记总账。

（6）完成月结。

（7）每 4 位同学组成一组，分工合作完成上述工作。

（8）按照学生工作方案、记账凭证（包括科目汇总表）、明细账、总账的顺序整理好实训资料，提交实训成果。

业务 1：

表 9-1-$\frac{1}{3}$

商品购销合同

合同号：2017-132

甲方（购货方）：家乐超市

乙方（销货方）：冰爽饮料股份有限公司

本着平等互利的原则，经双方协商，共同订立如下合同：

一、双方必须有合法的营业执照，乙方所供商品必须有合法商标，根据不同商品分别提供生产、经营许可证、注册商标证、产品合格证、进口商品检验证等。

二、甲方向乙方订购以下商品：

序号	商品名称	规格型号	计量单位	数量	单价	金额
	冰爽牌橙汁	300ml/瓶	箱	1 500	60	90 000.00
	冰爽牌葡萄汁	300ml/瓶	箱	1 500	64	96 000.00
	合计					1 860 000.00

三、到货时间：乙方在10日之内发货，货物委托运输公司运输，费用由甲方承担。

四、货款结算：委托收款方式结算。

五、合同一式贰份，双方盖章后生效。如违约须赔偿对方损失，按销售价款的10%赔偿，不可抗力除外。

本合同在履行过程中，若发生纠纷或异议，双方协调解决。

甲方：家乐超市（家乐超市 合同专用章）　　乙方：冰爽饮料股份有限公司（冰爽饮料股份有限公司 合同专用章）

法人代表：吴横欣 吴横欣　　法人代表：洪兴 洪兴

账号：工行大业路支行 456121234318076　　账号：工行新蓝支行4100823127869114567

电话：87567217　　电话：66668888

地址：新蓝市大业路68号　　地址：新蓝市江北区下河路53号

签约日期：2017年12月02日　　签约日期：2017年12月02日

表 9－1－$\frac{2}{3}$

四川增值税专用发票

发票代码：051001723456
发票号码：12345678
开票日期：2017年12月04日

机器编号：235700041140　　此联不做报销、扣税凭证使用　　校验码：22345 88675 56745 67459

购货单位	名　　称：家乐超市 纳税人识别号：578784725611982 地 址、电 话：新蓝市大业路68号 87567217 开户行及账号：工行大业路支行 456121234318076			密码区	172312-4-275〈1+46*54* 181321〉〈8182*59*09618 〈4〈3*2702-9〉9*+153〈/0 *08/4〉*〉〉2-3*0/9/〉〉25		加密版本：01 5700041140 002060608
货物或应税劳务名称	规格型号	单位	数量	单价	金额	税率	税额
橙汁	300ml/瓶	箱	1500	60	90000.00	17%	15300.00
葡萄汁	300ml/瓶	箱	1500	64	96000.00	17%	16320.00
合计					¥186000.00		¥31620.00
价税合计（大写）	人民币贰拾壹万柒仟陆佰贰拾元整　　（小写）¥217620.00						
销货单位	名　　称：冰爽饮料股份有限公司 纳税人识别号：551000640523458 地 址、电 话：新蓝市江北区下河路53号66668888 开户行及账号：工行新蓝支行410082312786911 4567			备注			

收款人：张红　　复核：杨洋　　开票人：　张宇　　销货单位：（章）

第一联：记账联　销货方记账凭证

表 9－1－$\frac{3}{3}$

中国工商银行委托收款（受理回单）　1

委托日期2017年12月04日

业务类型	委托收款（　□邮划　✓电划）　托收承付（　□邮划　□电划　）						
付款人 全称	家乐超市			收款人 全称	冰爽饮料股份有限公司		
付款人 账号	工行大业路支行456121234318076			收款人 账号	工行新蓝支行410082312786911 4567		
付款人 地址	四川省新蓝市	开户行	工行大业路支行	收款人 地址	四川省新蓝市	开户行	工行新蓝支行
金额	人民币（大写）贰拾壹万柒仟陆佰贰拾元整				千百十万千百十元角分	¥ 2 1 7 6 2 0 0 0	
款项内容	销货款	托收凭据名称	委托收款	附寄单证张数	3张		
商品发运情况	已发	合同名称号码		2017-132			
备注： 复核　　记账		款项收妥日期 2017年12月04日		收款人开户银行签章 中国工商银行新蓝支行 业务专用章 2017年12月22日			

此联作收款人开户银行给收款人的受理回单

业务 2：

表 9－2

产成品出库通知单

仓库：1号仓库　　　　2017年12 月04日

合同编号	名称	规格	单位	应发数量	实发数量	单位成本	实际成本								附注
							十	万	千	百	十	元	角	分	
2017-132	橙汁	300ml/瓶	箱	1 500	1 500	35		5	2	5	0	0	0	0	
	葡萄汁	300ml/瓶	箱	1 500	1 500	40		6	0	0	0	0	0	0	
	合计						1	1	2	5	0	0	0	0	

第一联 记账联

会计：杨洋　　保管：吴奇　　制单：谷夏

业务 3：

表 $9-3-\frac{1}{2}$

关于天青商场所欠冰爽饮料股份有限公司货款情况说明

2017年11月22日，向天青商场出售冰爽牌橙汁、桃汁饮料各80箱，购销合同中注明：橙汁售价4 800元，桃汁6 400元，未开出增值税专用发票，货款未收，商品已经发出。2017年12月10日，得知天青商场突发火灾，损失严重，估计此笔款项暂时无法收回。特此说明。

冰爽饮料股份有限公司 业务专用章

销售部：张宇

财务部：刘国栋

2017年12月10日

表 $9-3-\frac{2}{2}$

产成品出库通知单

仓库：1号仓库　　　　2017年11 月22日

合同编号	名称	规格	单位	应发数量	实发数量	单位成本	实际成本								附注
							十	万	千	百	十	元	角	分	
2017-120	橙汁	300ml/瓶	箱	80	80	35			1	7	5	0	0	0	
	桃汁	300ml/瓶	箱	80	80	50			4	0	0	0	0	0	
	合计							¥	5	7	5	0	0	0	

第一联 记账联

会计：杨洋　　保管：吴奇　　制单：谷夏

业务4：

表9－4－$\frac{1}{4}$

关于给予嘉和商场10%销售折扣的情况说明

2017年11月30日，向嘉和商场出售冰爽牌桃汁饮料30箱，每箱售价80元，已开出增值税专用发票，商品已经发出，款项已收到。2017年12月12日，嘉和商场来函中指出所收到的30箱桃汁的保质日期与合同不符，要求10%的销售折扣。经公司办公会研究决定同意嘉和商场的条件，特此说明。

冰爽饮料股份有限公司
业务专用章

销售部：张宇

财务部：刘国栋

2017年12月12日

表9－4－$\frac{2}{4}$

开具红字增值税专用发票通知单

填开日期：2017年12月13日　　NO.197432

销售方	名称	冰爽饮料股份有限公司	购买方	名称	嘉和商场
	税务登记代码	551000640523458		税务登记代码	567941677996647

	货物（劳务）名称	单价	数量	金额	税额
开具红字发票内容	桃汁	8.00	30箱	240.00	40.80
	合计			240.00	40.80

说明	需要作进项税额转出□ 不需要作进项税额转出□ 纳税人识别号认证不符□ 专用发票代码、号码认证不符□ 对应蓝字专用发票密码区内打印的代码：551000640523458 号码：00206035 开具红字专用发票理由：所售商品合同要求的保质日期不符。

经办人：刘海　　负责人：范伟　　主管税务机关名称（印章）：

新蓝市国家税务局一分局
税务专用章

表 9－4－$\frac{3}{4}$

四川增值税专用发票

发票代码：051001723567
发票号码：12345234
开票日期：2017年12月13日

机器编号：235700041331　　**此联不做报销、扣税凭证使用**　　校验码：22345 88675 23789 56755

购货单位	名　　称：嘉和商场 纳税人识别号：567941677996647 地 址、电 话：新蓝市二环路一段15号 86975421 开户行及账号：工行太明支行 467996547961176				密码区	172312-4-275〈1+46*54*181321〉〈8182*59*09618〈4〈3*2702-9〉9*+153〈/0*08/4〉*〉〉2-3*0/9/〉〉25	加密版本：01 5700041140 002060608	
货物或应税劳务名称	规格型号	单位	数量	单价	金额	税率	税额	
桃汁	300ml/瓶	箱	30	8.00	240.00	17%	40.80	
合计					¥240.00		¥40.80	
价税合计（大写）	人民币贰佰捌拾元零捌角				（小写）¥280.80			
销货单位	名　　称：冰爽饮料股份有限公司 纳税人识别号：551000640523458 地 址、电 话：新蓝市江北区下河路53号66668888 开户行及账号：工行新蓝支行410082312786911 4567				备注			

第一联：记账联　销货方记账凭证

收款人：张红　　复核：杨洋　　开票人：　张宇　　销货单位：（章）

注：发票中金额均为红字。

表 9－4－$\frac{4}{4}$

工商银行进账单（回单）　3

2017 年12月13日

出票人	全　称	冰爽饮料股份有限公司	收款人	全　称	嘉禾商场
	账　号	4100823127869114567		账　号	467996547961176
	开户银行	工行新蓝支行		开户银行	工行太明支行
金额	人民币（大写）	贰佰捌拾元零捌角		千百十万千百十元角分	¥ 2 8 0 8 0
票据种类	转账支票	票据张数	1		
票据号码	8965412				
复核　　记账				中国工商银行四川省分行 新蓝支行 2017.12.13 转讫 付款人开户银行签章	

此联是出票人开户银行交给出票人的回单

业务 5：

表 9－5－$\frac{1}{3}$

商品购销合同

合同号：2017-133

甲方（购货方）：甜甜食品有限责任公司

乙方（销货方）：冰爽饮料股份有限公司

本着平等互利的原则，经双方协商，共同订立如下合同：

一、双方必须有合法的营业执照，乙方所供商品必须有合法商标，根据不同商品分别提供生产、经营许可证、注册商标证、产品合格证、进口商品检验证等。

二、甲方向乙方订购以下商品：

序号	商品名称	规格型号	计量单位	数量	单价	金额
	白砂糖		千克	1 000	10.00	10 000.00
	合计					10 000.00

三、到货时间：乙方在10日之内发货，货物委托运输公司运输，费用由甲方承担。

四、货款结算：采用转账方式结算。

五、合同一式贰份，双方盖章后生效。如违约须赔偿对方损失，按价款25%赔偿，不可抗力除外。

本合同在履行过程中如发生纠纷或异议，双方协调解决。

甲方：甜甜食品有限责任公司（甜甜食品有限责任公司 合同专用章）

乙方：冰爽饮料股份有限公司（冰爽饮料股份有限公司 合同专用章）

代表人：冯华　　代表人：洪兴

账号：工行实业路支行 4905664451111876　　账号：工行新蓝支行4100823127869114567

电话：87663456　　电话：66668888

地址：新蓝市实业路467号　　地址：新蓝市江北区下河路53号

签约日期：2017年12月20日　　签约日期：2017年12月20日

表 9－5－$\frac{2}{3}$

四川增值税专用发票

发票代码：051001729956
发票号码：12345998
开票日期：2017年12月20日

机器编号：235700041233　　此联不做报销、扣税凭证使用　　校验码：34511 88675 56745 67333

购货单位	名　　称：甜甜食品有限责任公司 纳税人识别号：578784725611982 地 址、电 话：新蓝市实业路467号87663456 开户行及账号：工行实业路支行 4905664451111876			密码区	172312-4-275〈1+46*54* 181321〉〈8182*59*09618 〈4〈3*2702-9〉9*+153〈/0 *08/4〉*〉〉2-3*0/9/〉〉25	加密版本：01 5700041140 002060608	
货物或应税劳务名称	规格型号	单位	数量	单价	金额	税率	税额
白砂糖		千克	1000	10.00	10000.00	17%	1700.00
合计					¥10000.00		¥1700.00
价税合计（大写）	人民币壹万壹仟柒佰元整　　（小写）¥11700.00						
销货单位	名　　称：冰爽饮料股份有限公司 纳税人识别号：551000640523458 地 址、电 话：新蓝市江北区下河路53号66668888 开户行及账号：工行新蓝支行410082312786911 4567			备注			

第一联：记账联　销货方记账凭证

收款人：张红　　复核：杨洋　　开票人：张宇　　销货单位：（章）

表 9－5－$\frac{3}{3}$

工商银行进账单（收账通知）　3

2017年12月23日

出票人	全　称	甜甜食品有限责任公司	收款人	全　称	冰爽饮料股份有限公司
	账　号	4905664451111870		账　号	4100823127869110000
	开户银行	工行实业路支行		开户银行	工行新蓝支行
金额	人民币（大写）	壹万壹仟柒佰元整		千百十万千百十元角分	¥1170000
票据种类	转账支票	票据张数	1		
票据号码	3657934				
复核　记账				收款人开户银行签章	中国工商银行四川省分行 新蓝支行 2017.12.23 转讫

此联是收款人开户银行交给收款人的收账通知

业务 6：

表 9－6

产成品出库通知单

仓库：2号仓库

合同编号	名称	规格	单位	应发数量	实发数量	单位成本	实际成本								附注
							十	万	千	百	十	元	角	分	
2017-133	白砂糖		千克	1 000	1 000	7.00			7	0	0	0	0	0	
	合计							¥	7	0	0	0	0	0	

会计：杨洋　　　保管：吴奇　　　制单：谷夏

第三联：记账联

业务 7：

表 9－7

中国工商银行托收凭证（收款通知）　1

委托日期2017年12月26日

业务类型	委托收款（ □邮划 ✓电划）托收承付（ □邮划 □电划 ）					
付款人 全称	家乐超市		收款人 全称	冰爽饮料股份有限公司		
付款人 账号	工行大业路支行456121234318076		收款人 账号	工行新蓝支行4100823127869114567		
付款人 地址	四川省新蓝市	开户行 工行大业路支行	收款人 地址	四川省新蓝市	开户行 工行新蓝支行	
金额 人民币（大写）	柒仟贰佰伍拾肆元整			千 百 十 万 千 百 十 元 角 分	¥ 2 1 7 6 2 0 0 0	
款项内容	销货款	托收凭据名称	委托收款	附寄单证张数	3张	
商品发运情况	已发		合同名称号码	2017-132		
备注： 复核　　记账		款项收妥日期 2017年12月26日		收款人开户银行签章 2017年12月26日		

中国工商银行四川省分行 新蓝支行 2017.12.26 转讫

此联作收款人开户银行给收款人的收款通知

业务 8：

表 9－8－$\frac{1}{3}$

四川增值税专用发票

发票代码：051001723555
发票号码：00345671
开票日期：2017年12月27日

机器编号：235700041177　　**此联不做报销、扣税凭证使用**　　校验码：22345 88675 56745 03247

购货单位	名　　称：乐享搬家公司 纳税人识别号：551084725615988 地 址、电 话：新蓝市宁夏路付66号 88634565 开户行及账号：工行宁夏路支行 476121004318034	密码区	172312-4-275〈1+46*54* 181321〉〈8182*59*09618 〈4〈3*2702-9〉9*+153〈/0 *08/4〉*〉〉2-3*0/9/〉〉25 加密版本：01 5700041140 002060608

货物或应税劳务名称	规格型号	单位	数量	单价	金额	税率	税额
东风货车	中型	辆	1	90000	90000.00	17%	15300.00
合计					¥90000.00		¥15300.00
价税合计（大写）	人民币壹拾万零伍仟叁佰元整　　（小写）¥105300.00						

销货单位	名　　称：冰爽饮料股份有限公司 纳税人识别号：551000640523458 地 址、电 话：新蓝市江北区下河路53号66668888 开户行及账号：工行新蓝支行410082312786911 4567	备注	

收款人：张红　　复核：杨洋　　开票人：　张宇　　销货单位：（章）

第一联：记账联　销货方记账凭证

表 9－8－$\frac{2}{3}$

工商银行进账单（收账通知）　3

2017 年12月27日

出票人	全　称	乐享搬家公司	收款人	全　称	冰爽饮料股份有限公司
	账　号	476121004318034		账　号	410082312786911 0000
	开户银行	工行宁夏路支行		开户银行	工行新蓝支行

金额	人民币（大写）	壹拾万零伍仟叁佰元整	千	百	十	万	千	百	十	元	角	分
				¥	1	0	5	3	0	0	0	0

票据种类	转账支票	票据张数	1
票据号码	8965412		
复核　　记账		收款人开户银行签章	中国工商银行四川省分行 新蓝支行 2017.12.27 转讫

此联是收款人开户银行交给收款人的收账通知

表9-8-$\frac{3}{3}$

固定资产出售损益计算表

2017年12月27日

单位：元

名称	原值	已提折旧	过户费	售价	净收益
东风货车	100 000.00	28 450.00	1 550.00	90 000.00	30 000.00

会计：谷夏　　制单：杨洋

业务9：

表9-9

2017年12月损益账户发生额合计统计表

2017年12月31日

单位：元

账户名称	借方发生额合计	贷方发生额合计
主营业务成本	112 500.00	
其他业务成本	70 000.00	
主营业务收入		185 760.00
其他业务收入		10 000.00
营业外收入		30 000.00
合计	182 500.00	225 760.00

业务10：

表9-10

2017年度所得税费用计算表

2017年12月31日

单位：元

全年利润总额	所税税率	全年应纳税额
600 000.00	25%	150 000.00

注：无纳税调整事项

业务11：

表9－11

2017年度净利润计算表

2017年12月31日

单位：元

1~11月份利润总额	12月份利润总额	全年所得税费用	全年净利润
556 740.00	43 260.00	150 000.00	450 000.00

业务12：

表9－12

2017年度利润分配表

2017年12月31日

单位：元

项目	金额
年初未分配利润	120 000.00
本年净利润	450 000.00
弥补以前年度亏损	
提取法定盈余公积	45 000.00
分配普通股现金股利	300 000.00
年末未分配利润	265 500.00

10 项目实训10 筹集资金核算

一、实训目标

指导学生了解借款、发行债券、接受投资业务原始凭证的取得过程，独立完成编制各种薪酬费用分配表的能力，填制记账凭证的能力，审核凭证的能力，登记账簿的能力。

二、实训资料

（一）会计主体基本资料

阳光木业有限责任公司，职工120人，其中行政管理部门人员30人；产品生产人员60人，其中一车间30人，二车间30人；车间管理人员10人，其中一车间5人，二车间5人；销售人员20人。法人代表：梁平；总经理：杨斌；财务经理：李芳；核算员：王振、刘元；稽核：赵军；出纳：张蓉。公司地址：成都市龙泉驿工业园1号；电话：028－66668888；开户银行：中国工商银行龙泉驿支行，账号：5224101377568430；纳税主管机关：成都市龙泉驿区国税一分局，纳税识别号：551811641700008l234。企业设立两个生产车间生产实木地板和强化复合木地板两类产品；原材料为原木、地板胶、木纹纸、油漆、石蜡等。

（二）2015年8月30日，阳光木业有限责任公司的有关账户余额如下：

（单位：万元）

短期借款——招商银行	300.00
应付利息——招商银行	2.70
实收资本——吉峰木业	1 000.00
资本公积——资本溢价	100.00

三、实训要求

（1）建立短期借款、长期借款、应付利息、应付债券、实收资本、资本公积的总账。

（2）建立短期借款、长期借款、应付利息、应付债券、实收资本、资本公积的明细账。

（3）完善和审核实训的原始资料。

（4）编制记账凭证，登记明细账。

（5）编制科目汇总表，登记总账。

（6）完成月结。

（7）每4位同学组成一组，分工合作完成上述工作。

（8）按照学生工作方案、记账凭证（包括科目汇总表）、明细账、总账的顺序整理好实训资料，提交实训成果。

业务1：

表10－1－$\frac{1}{4}$

股权投资协议

投资方：绵阳汇通木业销售公司

被投资方：阳光木业有限责任公司

投资方与被投资方经过充分协商，在平等自愿的基础上，投资方希力以现金资产700万元投资阳光木业有限责任公司，获得500万股份。

甲方：绵阳汇通木业销售有限责任公司　　乙方：阳光木业有限责任公司

法人代表：成容　　法人代表：梁平

签约日期：2015年08月11日　　签约日期：2015年08月11日

表10－1－$\frac{2}{4}$

关于同意阳光木业有限责任公司注册资本金变更的批复

成龙工商〔2015〕71号

阳光木业有限责任公司：

你公司《关于要求变更资质证书注册资本金的请示》已收悉。经审核，上报材料符合股份制企业资质管理有关规定，同意你公司注册资本金增加700万元。

成都市龙泉驿区工商管理局

2015年9月1日

表 10－1－$\frac{3}{4}$

股东持股证明书（留存）

股东：绵阳汇通木业销售有限责任公司

截至2015年09月02日依股东名册记载持有本公司股份总数为500万股。

此 致

阳光木业有限责任公司

5700107756

2015年09月02日

表 10－1－$\frac{4}{4}$

工商银行进账单（收账通知） 3

2015 年 09月 02日

出票人	全称	绵阳汇通木业有限责任公司	收款人	全称	阳光木业有限责任公司
	账号	598427869000567		账号	5224101377568430
	开户银行	中国工商银行龙泉支行		开户银行	中国工商银行新蓝支行
金额	人民币（大写）	柒佰万元整		千百十万千百十元角分	¥700000000
票据种类	银行汇票	票据张数	1		
票据号码	56912311				
复核	记账			收款人开户银行签章	

中国工商银行四川省分行 新蓝支行 2015.09.02 转讫

此联是收款人开户银行交给收款人的收账通知

业务2：

表10－2－$\frac{1}{3}$

信用借款合同

经中国工商银行龙泉支行（下称贷款方）与阳光木业有限公司（下称借款方）充分协商，根据《借款合同条例》和中国农业银行的有关规定签订本合同，共同遵守。

第一条　自2015年09月10日起，由贷款方向借款方提供流动资金短期借款（种类）贷款（大写）贰拾壹万元，用于流动资金周转需要，还款期限至2016年03月10日止，利率按月息6‰计算。如遇国家贷款利率调整，按调整后的新利率和计息方法计算。

第二条　贷款方应在符合国家信贷政策、计划的前提下，按期、按额向借款方提供贷款。否则，应按违约数额和延期天数付给借款方违约金。违约金数额的计算，与逾期贷款的加息同。

第三条　借款方愿遵守贷款方的有关贷款办法规定，并按本合同规定用途使用贷款。否则，贷款方有权停止发放贷款，收回或提前收回已发放的贷款。对违约部分，按规定加收5%利息。

第四条　借款方保证按期偿还贷款本息。利息于每季度最后一月的22日支付。如需延期，借款方必须在贷款到期前提出书面申请，经贷款方审查同意，签订延期还款协议。借款方不申请延期或双方签订延期还款协议的，从逾期之日起，贷款方按规定加收5%的利息，并可随时从借款方存款账户中直接扣收逾期贷款本息。

借款方：阳光木业有[限责]任公司（阳光木业有限责任公司 合同专用章）　　贷款方：中国工商银行[龙]泉支行（中国工商银行龙泉支行 合同专用章）

法人代表：梁平 洪梁平　　负责人：于冰 于冰

账号：工商银行龙泉支行 5224101377568430　　经办人：林曼 林曼

电话：028-66668888　　电话：86471314

地址：成都市龙泉工业园1号　　地址：成都市龙泉驿区国槐路18号

签约日期：2015年09月10日　　签约日期：2015年09月10日

注：此凭证不作为记账依据。

表10－2－$\frac{2}{3}$

流动资金借款申请书

2015年09月10日

企业名称：阳光木业股份有限公司　　所有制性质：股份制

申请借款金额	3 000 000元
借款用途	流动资金周转需要
借款期限	6个月
还款资金来源	营业收入
申请企业：阳光木业有限责任公司（阳光木业有限责任公司 5700107756）	负责人：梁平 梁平
经办行审批意见：同意借款（中国工商银行龙泉支行 业务专用章）	

表 10－2－$\frac{3}{3}$

贷款凭证(3)(收账通知)

2015年 09月10日

贷款单位	阳光木业有限责任公司	种类	短期	贷款户账号	5224101377568430
金　额	人民币（大写）叁百万元整			千百十万千百十元角分	¥ 3 0 0 0 0 0 0 0 0
用　途	流动资金周转借款	单位申请期限	自2015年09月10日起至2016年03月10日		
		银行核定期限	自2015年09月10日起至2015年03月10日		
上述贷款已核准发放。并已划入你单位账号。 中国工商银行龙泉支行 龙泉支行 2015.09.10 转讫 月利率6‰ 银行签章 2015年9月10日				单位会计分录 收入 付出 复核　记账 主管　会计	

业务3：

表 10－3－$\frac{1}{3}$

借款申请书

2015年09月15日

企业名称：阳光木业有限责任公司　　　　所有制性质：公司制

申请借款金额	5 000 000元
借款用途	扩建营业用房
借款期限	3年
还款资金来源	营业收入
申请企业：阳光木业有限责任公司（阳光木业有限责任公司 5700107756）	负责人：梁平 梁平

表10－3－$\frac{2}{3}$

贷款凭证(3)(收账通知)

2015年09月15日

贷款单位	阳光木业有限责任公司	种类	长期	贷款户账号	5224101377568430
金　额	人民币（大写）伍佰万元整				千 百 十 万 千 百 十 元 角 分 ¥ 5 0 0 0 0 0 0 0 0
用　途	扩建营业用房	单位申请期限	自2015年09月15日起至2018年09月15日		
		银行核定期限	自2015年09月15日起至2018年09月15日		
上述贷款已核准发放。并已划入你单位账号。 月利率5‰ 银行签章	中国工商银行龙泉分行 龙泉支行 2015.09.15 转讫 2015年09月15日				单位会计分录 收入 付出 复核　记账 主管　会计

表10－3－$\frac{3}{3}$

信用借款合同

经中国工商银行龙泉支行（下称贷款方）与阳光木业有限公司（下称借款方）充分协商，根据《借款合同条例》和中国农业银行的有关规定签订本合同，共同遵守。

第一条　自2015年09月15日起，由贷款方向借款方提供长期借款（种类）贷款（大写）伍佰万元，用于扩建营业用房，还款期限至2018年09月15日止，利率按月息5‰计算，每月1日结息。如遇国家贷款利率调整，按调整后的新利率和计息方法计算。

第二条　贷款方应在符合国家信贷政策、计划的前提下，按期、按额向借款方提供贷款。否则，应按违约数额和延期天数付给借款方违约金。违约金数额的计算，与逾期贷款的加息同。

第三条　借款方愿遵守贷款方的有关贷款办法规定，并按本合同规定用途使用贷款。否则，贷款方有权停止发放贷款，收回或提前收回已发放的贷款。对违约部分，按规定加收10%利息。

第四条　借款方保证按期偿还贷款本息。利息按年计据，每年1月1日支付，如需延期，借款方必须在贷款到期前提出书面申请，经贷款方审查同意，签订延期还款协议。借款方不申请延期或双方签订延期还款协议的，从逾期之日起，贷款方按规定加收10%的利息，并可随时从借款方存款账户中直接扣收逾期贷款本息。

借款方	贷款方
借款方：阳光木业有限责任公司（阳光木业有限责任公司 合同专用章）	贷款方：中国工商银行龙泉支行（中国工商银行龙泉支行 合同专用章）
法人代表：梁平 梁平	负责人：臧杰 臧杰
账号：工商银行龙泉支行 5224101377568430	经办人：贺爵 贺爵
电话：028-66668888	电话：86971347
地址：成都市龙泉工业园1号	地址：成都市龙泉驿区国槐路18号
签约日期：2015年09月15日	签约日期：2015年09月15日

注：此凭证不作为记账依据。

业务4：

表10－4－$\frac{1}{2}$

证券发行结算清单

2015年09月18日

企业名称：		阳光木业有限责任公司
发行股票	面 值	100.00元
	数 量	20 000股
	总 价	2 000 000.00元
发行费用		10 000.00元
发行净额		1 990 000.00元

兴业证券有限责任公司

兴业证券有限责任公司 业务专用章

表10－4－$\frac{2}{2}$

工商银行进账单（收账通知） 3

2015年 09 月 18日

出票人	全 称	兴业证券有限责任公司	收款人	全 称	阳光木业有限责任公司
	账 号	598427869000567		账 号	5224101377568430
	开户银行	中国工商银行新蓝支行		开户银行	中国建设银行新蓝支行
金额	人民币（大写）	壹佰玖拾玖万元整			

千	百	十	万	千	百	十	元	角	分
	¥	1	9	9	0	0	0	0	0	0

票据种类	转账支票	票据张数	1
票据号码	78912322		

复核 记账

中国工商银行龙泉支行 龙泉支行 2015.09.18 转讫

收款人开户银行签章

此联是收款人开户银行交给收款人的收账通知

业务 5：

表 10－5－$\frac{1}{2}$

利 息 计 算 表

2015年09月25日

项　目	借款本金	年利率	借 款 期 限	应付利息
招商银行	3 000 000	3‰	2015.09.25-2016.01.25	36 000
合计	3 000 000			36 000

表 10－5－$\frac{2}{2}$

招商银行龙泉支行本息结算清表

2015年09月25日

<table>
<tr><td rowspan="3">收款单位</td><td>账　号</td><td>410000000020356</td><td rowspan="3">付款单位</td><td>账　号</td><td>5224101377568430</td></tr>
<tr><td>户　名</td><td>招商银行龙泉支行</td><td>户　名</td><td>阳光木业有限责任公司</td></tr>
<tr><td>开户银行</td><td>招商银行龙泉支行</td><td>开户银行</td><td>中国工商银行龙泉支行</td></tr>
<tr><td colspan="3">本金：　3 000 000.00</td><td colspan="2">利率：3‰</td><td>利息：36 000.00</td></tr>
<tr><td colspan="4">备注：　归还本息
招商银行龙泉支行
龙泉支行
2015.09.25
转讫</td><td colspan="2">科目
对方科目
复核员：　　记账员：</td></tr>
</table>

业务 6：

表 10－6

利 息 计 算 表

2015年09月30日　　单位：元

项　目	本金	月利率/30	借款期限	应付利息
短期借款——工商银行				
合计				

业务7：

表10－7

利息计算表

2015年09月30日

单位：元

项　目	本金	月利率/30	借款期限	应付利息
长期借款——工商银行				
合计				

业务8：

表10－8

利息计算表

2015年09月30日

单位：元

项　目	本金	月利率/360	借款期限	应付利息
应付债券				
合计				

11 项目实训 11 会计报表的编制

一、实训目标

清楚企业编制会计报表的资料来源，熟练完成实训资料的准备工作；能够正确编制资产负债表、利润表、现金流量表、所有者权益变动表。

二、实训资料

宏远公司为股份有限责任公司，从事产品生产的工业企业。企业有关会计政策及2017年发生的经济业务等资料如下：

资料一：企业的会计政策

（1）公司为增值税一般纳税人，增值税税率为17%。

（2）原材料采用实际成本法核算。

（3）库存商品采用实际成本法核算。

（4）低值易耗品摊销采用一次摊销法。

（5）坏账损失的计提采用应收款项余额百分比法，计提比例0.5%。

（6）长期股权投资采用成本法核算。

（7）所得税核算采用资产负债表债务法。

（8）按净利润的10%提取法定盈余公积。

（9）业务均取得增值税专用发票，并得到相关认证。

资料二：公司2017年11月30日各账户的期末余额见表11－1：

表 11－1　　账户余额表

编制单位：宏远公司　　2017年11月30日　　单位：元

账户名称	借方余额	账户名称	贷方余额
库存现金	5 100	短期借款	600 000
银行存款	1 640 000	应付票据	250 000
其他货币资金	170 000	应付账款	760 000
交易性金融资产	30 000	其他应付款	80 000
应收票据	80 000	应付职工薪酬	51 000

续表

账户名称	借方余额	账户名称	贷方余额
应收账款	400 000	应交税费	40 800
坏账准备	-8 000	应付利息	12 000
预付账款	60 000	长期借款	1 800 000
其他应收款	5 000	其中：1年内到期的非流动负债	850 000
在途物资	120 000	递延所得税负债	8 000
原材料	92 000	股本	4 208 012
包装物	10 000	资本公积	200 300
低值易耗品	70 000	盈余公积	140 000
库存商品	270 000	其他综合收益	0
存货跌价准备	-7 000	利润分配（未分配利润）	100 000
长期股权投资	300 000		
长期股权投资减值准备	-5 000		
固定资产	3 100 000		
累计折旧	-600 000		
固定资产减值准备	-200 000		
在建工程	1 600 000		
无形资产	1 200 000		
累计摊销	-240 000		
长期待摊费用	150 000		
递延所得税资产	8 012		
合计	8 250 112	合计	8 250 112

资料三：公司2017年12月份发生的经济业务资料如下：

（1）1日，从银行借入款项100 000元，借款期限自2017年12月1日至2018年11月30日。

（2）1日，购入原材料，价款46 800元，税款7 956元，运费1 000元，取得增值税专用发票，税款60元。款项已用银行存款支付，材料已入库。

（3）3日，用银行存款支付行政管理部门的电话费2 200元。

（4）4日，用银行存款400 000元向银行申请银行汇票。

（5）4日，用银行存款支付银行承兑汇票手续费119元。

（6）5日，出售一办公楼，出售收入640 000元已存入银行。该办公楼原值800 000元，已提折旧200 000元；出售时用银行存款支付清理费用10 000元。不考虑相关税费。

（7）7日，用银行汇票采购原材料，价款288 000元，税款48 960元，多余款已退回。

（8）7日，以银行存款缴纳上月未交增值税费19 020元。

（9）10日，采购原材料一批，增值税专用发票上注明价款7 000元，税款1 190元，用银行存款支付。

（10）10日，购入股票支付价款108 000元，交易费用432元。该股票为短期内赚取差价持有。

(11) 11日，总经理王成预借差旅费3 000元。

(12) 13日，用银行存款发放工资232 400元。

(13) 14日，购入需安装的设备一台，价款205 000元，税率17%，支付安装费300元，税率11%，款项已用银行存款支付。安装完毕，达到预定可使用状态。

(14) 15日，销售商品一批，增值税专用发票上注明价款103 000元，税率17%，销售商品成本为40 000元，款项尚未收到。

(15) 17日，销售商品一批，价款200 000元，税率17%，款项未收，与购货方签合同时约定现金折扣条件为“1/10，2/20，N/30”，假定现金折扣不考虑增值税。销售商品成本为100 000元。

(16) 17日，采用委托收款结算方式购入A料，月末发票账单尚未收到，暂估价为5 000元。

(17) 18日，销售给乙公司商品一批，增值税专用发票上注明价款200 000元，增值税税额34 000元。乙公司以一张期限为60天，面值234 000元的无息商业承兑汇票支付。该批商品成本100 000元。

(18) 19日，支付销售商品的广告费2 000元。款项已支付。

(19) 19日，车间发生水费1 000元，电费1 500元，已用银行存款支付。

(20) 20日，管理部门委托外单位修理机器设备，对方开具的增值税专用发票上注明修理费用1 000元，增值税170元。

(21) 20日，企业生产车间有生产用设备一台，原值20 000元，预计使用寿命10年，按照平均年限法计提本月固定资产的折旧。

(22) 21日，总经理王成报销差旅费2 800元，退回多余款项200元。

(23) 22日，用银行存款支付业务招待费2 100元。

(24) 23日，收到销货方的货款（承前17日业务）。

(25) 24日，库存材料因管理不善毁损一批，有关增值税专用发票确认的成本为5 000元，增值税为850元。

(26) 25日，收回前期以转销的坏账损失200 000元。

(27) 26日，由于乙企业破产，应收10 000元无法收回，确认坏账损失。

(28) 28日，将10台自产的产品作为福利分配给本公司的行政管理人员。该产品每台生产成本8 000元，市场每台售价15 000元。

(29) 29日，分配职工工资。行政管理人员工资40 000元，车间管理人员工资50 000元，生产工人工资90 000元。

(30) 29日，通过银行转账捐赠10 000元（此捐赠为非公益性捐赠）。

(31) 30日，按规定计算代扣代缴职工个人所得税8 000元。

(32) 30日，交易性金融资产的公允价值为110 000元。

(33) 30日，结转未交增值税。销项税额为311 500元，进项税额为102 000元。

(34) 30日，计提坏账准备。

(35) 30日，结转制造费用。

(36) 30日，结转生产成本至库存商品。

（37）30日，计提应交城市维护建设税与教育费附加，城市维护建设税税率为7%，教育费附加为3%。

（38）31日，结转损益类（收入）账户。

（39）31日，结转损益类（费用）账户。

（40）计算并结转所得税费用。递延所得税资产的期末余额为18 600元，递延所得税资产的期初余额为8 012元，递延所得税负债的期末余额为48 700元。

（41）按净利润的10%提取法定盈余公积；按5%提取任意盈余公积。

（42）股东会决议通过，分配现金股利120 000元。

（43）利润分配各明细账户的余额转入“未分配利润”明细账户。

三、实训要求

要求一：根据上述业务编制会计分录并登记T型账。

要求二：编制本年年末总账账户期末余额表，见表11－2。

要求三：编制2017年12月资产负债表（表11－3）、利润表（表11－4）、现金流量表（表11－5和表11－6）和所有者权益变动表（表11－7）。

表11－2 账 户 余 额 表

2017年12月31日 单位：元

账户名称	借方余额	账户名称	贷方余额
库存现金		短期借款	
银行存款		应付票据	
其他货币资金		应付账款	
交易性金融资产		其他应付款	
应收票据		应付职工薪酬	
应收账款		应交税费	
坏账准备		应付利息	
预付账款		应付股利	
其他应收款		长期借款	
材料采购		其中：1年内到期的非流动负债	
原材料		递延所得税负债	
周转材料		股本	
库存商品		资本公积	
存货跌价准备		盈余公积	
长期股权投资		利润分配	
长期股权投资减值准备			
固定资产			
累计折旧			
固定资产减值准备			
工程物资			

续表

账户名称	借方余额	账户名称	贷方余额
在建工程			
无形资产			
累计摊销			
开发支出			
长期待摊费用			
合计		合计	

表 11－3　　资 产 负 债 表　　会企 01 表

编制单位：　　年　月　日　　单位：元

资　　产	年初数	年末数	负债及所有者权益（或股东权益）	年初数	年末数
流动资产：			流动负债：		
货币资金			短期借款		
以公允价值计量且其变动计入当期损益的金融资产			以公允价值计量且其变动计入当期损益的金融负债		
衍生金融资产			衍生金融负债		
应收票据及应收账款			应付票据及应付账款		
预付款项			预收款项		
其他应收款			应付职工薪酬		
存货			应交税费		
持有待售资产			其他应付款		
			持有待售负债		
一年内到期的非流动资产			一年内到期的非流动负债		
其他流动资产			其他流动负债		
流动资产合计			流动负债合计		
非流动资产：			非流动负债：		
可供出售金融资产			长期借款		
持有至到期投资			应付债券		
长期应收款			其中：优先股		
长期股权投资			永续债		
投资性房地产			长期应付款		
固定资产			预计负债		
在建工程			递延收益		
			递延所得税负债		
			其他非流动负债		
生产性生物资产			非流动负债合计		
油气资产			负债合计		

续表

资　　产	年初数	年末数	负债及所有者权益（或股东权益）	年初数	年末数
无形资产			所有者权益（或股东权益）：		
开发支出			实收资本（或股本）		
商誉			其他权益工具		
长期待摊费用			其中：优先股		
递延所得税资产			永续债		
其他非流动资产			资本公积		
非流动资产合计			减：库存股		
			盈余公积		
			未分配利润		
			所有者权益（或股东权益）合计		
资产总计			负债和所有者权益（或股东权益）总计		

表 11－4　　　　**利　润　表**　　　　会企 02 表

编制单位：　　　　年　　月　　　　单位：元

项　　目	本期金额	上期金额
一、营业收入		
减：营业成本		
税金及附加		
销售费用		
管理费用		
研发费用		
财务费用		
其中：利息费用		
利息收入		
资产减值损失		
加：其他收益		
投资收益（损失以“－”号填列）		
其中：对联营企业和合营企业的投资收益		
公允价值变动收益（损失以“－”号填列）		
资产处置收益（损失以“－”号填列）		
二、营业利润（亏损以“－”号填列）		
加：营业外收入		
减：营业外支出		
三、利润总额（亏损总额以“－”号填列）		

续表

项　　目	本期金额	上期金额
减：所得税费用		
四、净利润（净亏损以"-"号填列）		
（一）持续经营净利润（净亏损以"-"号填列）		
（二）终止经营净利润（净亏损以"-"号填列）		
五、其他综合收益的税后净额		
（一）不能重分类进损益的其他综合收益		
1. 重新计量设定受益计划变动额		
2. 权益法下不能转损益的其他综合收益		
……		
（二）将重分类进损益的其他综合收益		
1. 权益法下可转损益的其他综合收益		
2. 可供出售金融资产公允价值变动损益		
3. 持有至到期投资重分类为可供出售金融资产损益		
4. 现金流量套期损益的有效部分		
5. 外币财务报表折算差额		
……		
六、综合收益总额		
七、每股收益		
（一）基本每股收益		
（二）稀释每股收益		

表 11-5　　**现金流量表**　　会企 03 表

编制单位：　　年　月　　单位：元

项　　目	本期金额	上期金额
一、经营活动产生的现金流量		
销售商品、提供劳务收到的现金		
收到的税费返还		
收到的其他与经营活动有关的现金		
经营活动现金流入小计		
购买商品、接受劳务支付的现金		
支付给职工以及为职工支付的现金		
支付的各项税费		
支付的其他与经营活动有关的现金		
经营活动现金流出小计		
经营活动产生的现金流量净额		
二、投资活动产生的现金流量		

续表

项　　目	本期金额	上期金额
收回投资收到的现金		
取得投资收益收到的现金		
处置固定资产、无形资产和其他长期资产收回的现金净额		
处置子公司及其他营业单位收到的现金净额		
收到其他与投资活动有关的现金		
投资活动现金流入小计		
购建固定资产、无形资产和其他长期资产所支付的现金		
投资所支付的现金		
取得子公司及其他营业单位支付的现金净额		
支付其他与投资活动有关的现金		
投资活动现金流出小计		
投资活动产生的现金流量净额		
三、筹资活动产生的现金流量		
吸收投资收到的现金		
取得借款收到的现金		
收到其他与筹资活动有关的现金		
筹资活动现金流入小计		
偿还债务支付的现金		
分配股利、利润或偿付利息支付的现金		
支付其他与筹资活动有关的现金		
筹资活动现金流出小计		
筹资活动产生的现金流量净额		
四、汇率变动对现金及现金等价物的影响		
五、现金及现金等价物净增加额		
加：期初现金及现金等价物余额		
六、期末现金及现金等价物余额		

表11－6　　现金流量表补充资料

补充资料	本期金额	上期金额
1. 将净利润调节为经营活动现金流量：		
净利润		
加：资产减值准备		
固定资产折旧、油气资产折耗、生产性生物资产折旧		
无形资产摊销		
长期待摊费用摊销		

续表

补充资料	本期金额	上期金额
处置固定资产、无形资产和其他长期资产的损失（收益以“－”号填列）		
固定资产报废损失（收益以“－”号填列）		
公允价值变动损失（收益以“－”号填列）		
财务费用（收益以“－”号填列）		
投资损失（收益以“－”号填列）		
递延所得税资产减少（增加以“－”号填列）		
递延所得税负债增加（减少以“－”号填列）		
存货的减少（增加以“－”号填列）		
经营性应收项目的减少（增加以“－”号填列）		
经营性应付项目的增加（减少以“－”号填列）		
其他		
经营活动产生的现金流量净额		
2. 不涉及现金收支的重大投资和筹资活动：		
债务转为资本		
一年内到期的可转换公司债券		
融资租入固定资产		
3. 现金及现金等价物净变动情况：		
现金的期末余额		
减：现金的期初余额		
加：现金等价物的期末余额		
减：现金等价物的期初余额		
现金及现金等价物净增加额		

表 11－7　　　　**所有者权益变动表**　　　　会企 04 表

编制单位：　　　　年　　月　　　　单位：元

项目	本年金额										上年金额									
	实收资本（或股本）	其他权益工具			资本公积	减：库存股	其他综合收益	盈余公积	未分配利润	所有者权益合计	实收资本（或股本）	其他权益工具			资本公积	减：库存股	其他综合收益	盈余公积	未分配利润	所有者权益合计
		优先股	永续债	其他								优先股	永续债	其他						
一、上年期末余额																				
加：会计政策变更																				
前期差错更正																				
其他																				
二、本年年初余额																				
三、本年增减变动金额（减少以“－”号填列）																				
（一）综合收益总额																				
（二）所有者投入和减少资本																				
1. 所有者投入的普通股																				
2. 其他权益工具持有者投入资本																				
3. 股份支付计入所有者权益的金额																				
4. 其他																				
（三）利润分配																				

续表

项目	本年金额										上年金额									
	实收资本（或股本）	其他权益工具			资本公积	减：库存股	其他综合收益	盈余公积	未分配利润	所有者权益合计	实收资本（或股本）	其他权益工具			资本公积	减：库存股	其他综合收益	盈余公积	未分配利润	所有者权益合计
		优先股	永续债	其他								优先股	永续债	其他						
1. 提取盈余公积																				
2. 对所有者（或股东）的分配																				
3. 其他																				
（四）所有者权益内部结转																				
1. 资本公积转增资本（或股本）																				
2. 盈余公积转增资本（或股本）																				
3. 盈余公积弥补亏损																				
4. 其他																				
四、本年年末余额																				